WPF MVVM
일주일 만에 배우기

XAML, C#, MVVM 패턴

WPF MVVM

일주일 만에 배우기

XAML, C#, MVVM 패턴

아르노 베유 지음 **금재용** 옮김

i!i
에이콘

나에게 자유를 가르치고 누릴 수 있도록 해주신 부모님께 이
책을 바친다.

이 책에 사랑과 지지라는 연료를 공급한 나의 멋진 가족에게
이 책을 바친다.

지은이 소개

아르노 베유 ^{Arnaud Weil}

어린 시절 아타리 ST^{Atari ST}와 몇 가지 자체 제작한 전자 부품을 사용해 전기 열차를 제어했고, 십대에는 웹이 막 시작될 때 최초의 포켓 컴퓨터용 웹 브라우저를 만들고 배포했다. 코딩을 아주 좋아하는 뼛속부터 개발자다.

닷넷이 출시되면서 2001년부터 공장 도구부터 하우스 컨트롤 솔루션용 스마트폰 애플리케이션에 이르기까지 ASP.NET, WPF, WinForms, 실버라이트^{Silverlight}, WCF, XAML을 사용한 모든 종류의 애플리케이션을 코딩해 왔다. 코딩을 하지 않을 때는 동료 개발자를 가르치고 개발팀이 가장 효율적인 방법으로 목표를 달성할 수 있도록 컨설팅을 제공했다. 프리랜서로 일하면서 자신의 고객에게 다양한 프로젝트 지원을 할 수 있었다.

일을 하면서 HTML5, 자바스크립트 및 해당 기술로 전문 소프트웨어를 개발할 수 있는 훌륭한 도구들을 사용한다는 사실을 알게 됐고, 애자일 방식과 일련의 자동화된 테스트를 사용해 모듈 식을 작성하는 등의 똑똑한 프로그램 작성에 중점을 두게 됐다.

강의 및 강연, 저술을 통해 다른 개발자를 돕는 것을 가장 좋아한다.

지은이의 말

자신이 좋아하는 만큼 이 책을 많이 읽고 WPF와 MVVM 패턴에 빨리 능숙해지길 진심으로 바란다.

연락하고 싶다면 아래의 주소로 연락하면 된다.

- **이메일**: books@aweil.fr
- **페이스북**: https://facebook.com/learncollection

강연, 강의, 컨설팅, 코딩 등 자신의 프로젝트에 필요하다면 언제든 활용할 수 있다.

이 책이 마음에 들었다면 많은 시간을 절약할 수 있을 것이다. 독자의 소중한 시간 중 몇 분 만 할애해 이 책을 구입한 사이트에 의견을 남겨주길 바란다. 정말 감사드린다!

옮긴이 소개

금재용 (kumjaeyong@outlook.com)

로큰롤과 기타 연주를 좋아하는 개발자다. 경북대학교 밴드 동아리 플레이아데스에서 전자기타를 연주했고, 졸업 후에는 동 대학 전산 교육센터에서 JSP, ASP.NET, C#을 강의했다. 국내 유수의 대기업 및 대형 병원 프로젝트에 참여했던 풍부한 경험이 있으며, 2012년부터 6년째 Visual Studio and Development Technologies(C#) 분야 마이크로소프트 MVP로 활동 중이다. 와글넷(www.waglwagl.net) 운영진이며, 개인 블로그(blog.naver.com/goldrushing)를 통해 지식을 공유하고 있다. 현재 의료 소프트웨어 전문 개발사인 (주)에프원소프트를 운영하고 있다.

옮긴이의 말

.NET C#은 옮긴이가 깊은 애정을 가진 언어다. 아직도 .NET 베타 버전이 출시됐던 2000년 여름의 설렘을 생생하게 기억한다. 한 번 작성해서 어느 플랫폼에나 사용 가능하다는 초기의 목표는 당시의 현실에서는 체감하기 힘든 내용이었지만, 많은 발전을 거듭한 .NET 프레임워크는 오늘날 리눅스에서도 구동 가능한 .NET 코어를 현실화시켰다. C#을 사용하는 유니티^{Unity}가 게임 개발 언어로 인기를 얻게 되면서 C#의 인기도 그 어느 때보다 높은 편이다.

웹 개발 언어의 혁신을 꿈꿨던 실버라이트^{Silverlight}가 데뷔하자마자 무대에서 내려오게 되면서 함께 출시되었던 WPF도 애물단지 취급받았고, 2008년 이안 그리피스의 『Programming WPF』라는 책 이후에 국내 개발자들이 참고할 만한 마땅한 WPF 개발 번역서가 없었다. 하지만 WPF는 여전히 윈도우 애플리케이션 작성에 사용되는 마이크로소프트의 최신 기술이다. 또한 WPF의 기본 기술인 XAML 기반 UI 기술은 최근 인기 있는 UWP, Xamarin.Forms, Kinect, HoloLens 등의 UI 개발 방법과 거의 동일하므로 WPF는 다른 개발 기술의 출발점이기도 하다.

이 책은 저자의 십수 년간의 강의 경험을 최적화해 가장 얇은 책으로 만들었다. 두께는 "일주일 후에 WPF 및 MVVM을 사용해 코딩할 준비를 하자."라는 이 책의 주제를 짐작하게 하지만, 내용을 읽어보면 WPF의 기본 사항인 컨트롤부터 데이터 바인딩, MVVM에 이르기까지

꼼꼼하고 세심하게 집필했다는 것을 알 수 있다. 이 책을 통해 WPF를 처음 접하고 MVVM에 대한 개념을 궁금해 하는 독자들이 빠르게 해당 내용을 파악하고 프로그램을 작성할 수 있기를 기대한다. 더 나아가 이 책의 WPF 및 MVVM 기술이 국내 소프트웨어 기술의 발전과 소프트웨어 산업 전반에 활용될 수 있기를 기대한다.

아르노 베유Arnaud Weil가 지은 이 책을 누구보다 먼저 접하고 국내에 소개하게 된 것을 무한한 영광으로 생각하며, 개발자의 한 사람으로써 역자가 이 책의 번역 시 느꼈던 간결함과 섬세함을 독자도 느낄 수 있을 것이라고 기대한다. 한국어판은 좀 더 쉽게 이해할 수 있도록 스크린샷과 설명을 추가했다.

마지막으로 이 책을 소개할 수 있도록 기회를 주신 에이콘출판사 권성준 사장님과 출판사 관계자분들께 감사의 마음을 전하고 싶다. 좋은 책과 연을 맺어 주신 김도균 MVP 님께 감사드리며, 늘 곁에서 지켜봐주는 아내 김희정과 보고만 있어도 든든한 두 아들 세호, 민준에게 지면을 빌어 사랑한다는 말을 전하고 싶다.

금재용

차례

1장

소개

1.1 이 책에 없는 것

독자가 길을 잃지 않고 WPF를 빨리 배울 수 있도록 최대한 작은 책으로 펴내고자 최선을 다했다. 이 책의 목적은 MVVM 패턴을 사용해 첫 번째 WPF 애플리케이션을 코딩하고, 필요할 때 더 많은 것을 스스로 찾을 수 있는 도구를 신속하게 제공하는 것이다.

WPF에서 향후 4년 내에 발생할 수 있는 모든 질문에 대한 답변을 찾을 수 있는 참고서를 원한다면 다른 두꺼운 책을 추천한다. 일부 저자들이 가장 두꺼운 책을 저술했다고 자랑스럽게 생각하는 반면에 내 목적에 맞고 가능한 한 가장 얇은 책을 만들게 돼 기쁘게 생각한다. 그럼에도 14년간 강의 경험을 바탕으로 필요하다고 생각되는 모든 것을 담고자 최선을 다했다.

이 책은 WPF가 무엇이고 언제 사용하는지 독자가 알고 있다고 가정한다. 그렇지 않다면 '왜 WPF인가?' 장을 읽어보자.

1.2 전제 조건

이 책의 목표를 달성하려면 다음을 수행해야 한다.

- C#으로 애플리케이션을 생성해본 기본 경험이 있어야 한다 (모든 유형의 애플리케이션이 해당한다).
- 비주얼 스튜디오^{Visual Studio}에 대한 실무 지식이 있어야 한다.
- XML 구문에 대한 기본 지식을 갖추고 있어야 한다.
- SQL 서버에 대한 기본 지식을 갖추고 있어야 한다.

VB.NET을 사용해 WPF 애플리케이션을 코딩할 수도 있다. 책을 작게 유지하기 위해서, 그리고 필드 경험상 거의 모든 팀이 근래에 VB.NET을 넘어 C#을 선택하고 있다는 이유를 들어 이 책에 C# 코드만 포함하기로 결정했다.

1.3 이 책을 읽는 방법

이 책의 목표는 독자의 생산성을 최대한 빨리 향상시키는 것이다. 생산성 목표를 위해 몇 가지 이론, 여러 가지 데모 및 연습문제를 사용한다. 연습문제는 다음과 같은 모양이다.

 직접 해보기: 주어진 목표에 도달하기 위해 키보드를 잡고 코드 여행을 떠날 시간이다.

1.4 필요한 도구

이 책의 작업에 필요한 유일한 도구는 비주얼 스튜디오^{Visual Studio} 2017[1]이다. 다음과 같은 버전의 사용이 가능하다.

- 비주얼 스튜디오 2017 커뮤니티(무료)
- 비주얼 스튜디오 2017 프로페셔널

1.5 소스코드

데모 및 직접 해보기 솔루션의 모든 소스코드는 https://bitbucket. org/epobb/learnwpfexercises에서 다운로드할 수 있다. 한국어판은 에이콘출판사의 도서정보 페이지 http://www.acornpub.co.kr/book/learn-wpf-mvvm에서 찾아볼 수 있다.

ZIP 파일[2]로 다운로드하거나 GIT를 설치한 경우 간단하게 다음을 입력하면 된다.

```
git clone https://bitbucket.org/epobb/learnwpfexercises.git
```

---

1. 원서는 비주얼 스튜디오 2015 기준이지만, 번역 시점인 현재 비주얼 스튜디오 2017 출시 직후이므로 2017 버전을 기준으로 번역을 진행했고, 원서 기준의 비주얼 스튜디오 2015 버전을 사용해도 무방하다. - 옮긴이

2. https://bitbucket.org/epobb/learnwpfexercises/downloads

2장

왜 WPF인가?

독자가 여유가 없다면 2장을 건너뛰고 'WPF 애플리케이션 생성' 장으로 넘어가도 문제가 없다. '왜 WPF인가?'라는 2장은 결국 WPF를 사용해야 하는 이유를 알고 싶은 사람을 위한 장이다.

WPF는 이전 개발 프레임워크에서 발생한 여러 가지 문제를 해결한 데스크탑 애플리케이션용 닷넷$^{.NET}$ 개발 프레임워크다.

직관적이지 않은 애플리케이션

윈도우 XP를 기억하는가? 컴퓨터를 끄려면 [시작]이라는 제목의 버튼을 눌러야 했다. 정말 직관적이지 못하다. 주요 예 중 하나지만, 대부분의 소프트웨어가 좋지 않은 사용자 경험으로 어려움을 겪었다. 바로 사용자 자신이 하고자 하는 바를 찾기가 너무 복잡했다는 것이다.

일부 프로그램은 사용자가 애플리케이션을 사용하는 과정을 안내하기 위한 마법사 실행조차도 사용이 너무 복잡했다. '프로세스'를 잠

시 짚고 넘어가자. 애플리케이션 사용은 프로세스가 아니어야 한다. 애플리케이션은 사용이 복잡하지 않아야 하고, 사용자에게 현실적으로 적합해야 한다. 이런 논쟁이 UX 전문가에게는 좋을지 모르겠지만, 나의 요지는 "왜 애플리케이션이 사용하기에 너무 복잡한가?"라는 점이다.

위 질문에 대한 답은 단순한 사실에 뿌리를 두고 있다. 개발자는 코드를 사용해 사용자 경험을 설계하도록 요청받았다. 왜 그럴까? 많은 기술 제품군에서 사용자 경험이 UX 전문가에 의해 디자인되지 않고 개발자에 의해 코딩됐기 때문이다. 그렇다면 부적절한 도구를 사용하고 필요한 지식이 부족한 채로 누군가에게 올바르게 작업하기를 어떻게 기대할 수 있겠는가? 개발자는 사용자 경험에 대한 지식이 거의 없으며, 프로그래밍 언어는 사용자 인터페이스를 만드는 데 적절한 수단이 아니다.

사용자 경험은 코드를 사용해 작성하면 안 되고 UX 전문가에 의해서 디자인돼야 한다는 것으로 모든 것이 수렴된다.

칙칙한 애플리케이션

다음은 내가 회계용으로 사용한 애플리케이션이다.

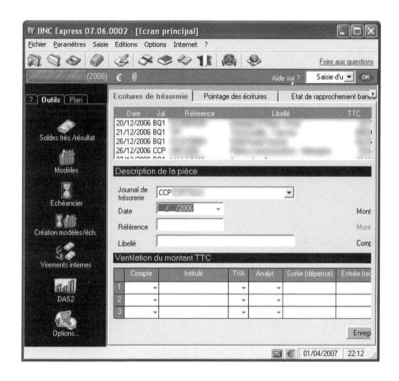

　자, 프로그램은 해야 할 일을 한다. 하지만 인터페이스가 칙칙하다. 게다가 전체가 보이지도 않는다. 올바르게 크기를 조절하지 못하고 사용 가능한 화면 공간을 꽉 채우지 않으며, 아이콘이 무작위로 선택된 것처럼 보인다. 필요하더라도 이 프로그램은 별로 사용하고 싶지 않을 것이다.

　그러나 개발자가 애플리케이션의 칙칙함을 비난하기는 너무 쉽다. 멋진 UI를 제공하는 코딩은 Windows Forms 같은 프레임워크를 사용해 다음 기능을 처리하는 코드를 별도로 작성해줘야 하기 때문에 개발 시간이 두 배로 걸릴 수 있다.

- 크기 조절
- 동질성 유지
- 스타일 지정
- 요소 배치

이러한 칙칙함의 또 다른 원인은 디자인 기술을 가진 개발자가 거의 없다는 것이다. 그리고 그 반대의 경우도 있다.

멋진 GUI는 꿈꿔 왔지만 구현되지 못했다

영화나 좋아하는 시리즈를 시청할 때 사람들이 컴퓨터를 사용하는 사용자 인터페이스를 살펴보자. 인터페이스들이 얼마나 잘 설계되고, 유동적이며 매력적인지 알 수 있는가? 악의적인 해커가 시스템에 들어가려고 하면 크게 반짝이는 '해킹' 버튼을 누르기만 하면 된다. 그리고 영웅이 언제 대통령을 몇 가지 예외적인 사건에서 구하는지 보려면 정보를 통해 슬라이드를 넘기고 익숙한 방식으로 확대 축소를 하기만 하면 된다.

마이너리티 리포트에서 탐 크루즈가 했던 동일한 방식으로 그는 파일을 탐색하기 위해 제스처를 사용해 사진과 영화를 둘러볼 수 있었다.

이것이 무슨 뜻일까? 매력적이고, 직관적이며, 사용자 친화적인 IHM을 만들 수 있는 사람이 있다는 것이다. 그러나 그 사람들은 컴퓨터 업계가 아닌 영화를 위해 일한다. 왜 그럴까? 글쎄, 그 사람들이 우리 개발자에게 실망했기 때문이다.

어떤 디자이너(또는 그 문제에 창조적인 사람)가 최근에 와서 "이봐요, 떠다니는 유니콘이 있어서 돌아다니다가 털을 당기면 [여기에 필요한 무엇이든 추가하세요]라고 한다면 멋질 것 같아요."라고 말했다고 그냥 생각해보자. 무엇이라고 답할 것인가? 아마 "그건 가능하지 않아요." 같은 대답일 것이다. 그러나 진짜로 의미하는 바는 "비즈니스 로직 자체보다는 코드 작성에 더 많은 시간이 걸리기 때문에 합리적인 시간에 그렇게 할 수는 없다."일 것이다. 그리고 프레임워크가 그렇게 할 수 없기 때문에 개발자가 옳았다.

그래서 무슨 일이 일어났는가? 그 창조적인 사람이 자신의 아이디어가 무너지는 것을 보고 지쳐서 다른 곳으로 일을 찾아 가버렸다. 자신의 아이디어에 대해 유일하게 "아니오"라는 대답을 듣지 않는 어떤 곳이다. 이미 알고 있는 영화, 시리즈 등을 만드는 곳이다.

외관 및 로직 분리

Windows Forms, MFC C++, 자바 스윙^{Java Swing} 또는 기타 클라이언트 애플리케이션 프레임워크가 설계됐을 때 개발자는 사용자 인터페이스를 구현하기 위해 코딩 언어를 사용하는 그 프레임워크들을 자연스럽게 받아들였다. 예를 들어 Windows Forms의 UI는 C#이나 VB .NET을 사용해 다음과 같이 구현하고 있다.

Windows Froms의 UI 명세 예제

```
public class Form1 : Form
{
    public Form1()
    {
      Button b = new Button();
      b.Text = "Buy stocks";
      b.Left = 20;
      b.Top = 40;
      b.Click += new EventHandler(b_Click);
    }
    void b_Click(object sender, EventArgs e)
    {
      // ...
    }
}
```

위 예제에서 버튼 생성 및 위치, 모양은 C#을 사용해 설정된다. 다음과 같은 두 가지 문제가 발생한다.

1. 디자이너는 이 코드를 편집할 수 없다. 그녀가 그렇게 할 지식이 있다고 하더라도 디자이너가 C# 코드를 편집하게 할 것인가?

2. 앞 코드를 언뜻 봐도 버튼 외관에 대한 단서는 제공되지 않는다. 모든 것이 디자인을 어렵게 만든다.

사실, 우리 모두는 "디자인 코드와 논리 코드가 섞이면 안 된다"는 것을 알고 있다. 그러나 Windows Forms는 실수를 저질렀다. 그리고 많은 다른 프레임워크가 그랬다.

WPF 해결책

HTML 세계에서는 문제가 그리 어렵지 않다. 디자이너는 코더^{coder}가 비즈니스 로직 작업을 하는 동안 외관을 작업한다. 왜 그게 될까? 단순하게 분리돼 있기 때문에 디자이너는 HTML 파일과 CSS 파일에서 작업해 외관을 구현하는 동안 개발자는 자바스크립트 파일에서 작업한다. 게다가 HTML 및 CSS는 외관을 구현하기에 충분하다.

마이크로소프트는 WPF에서도 동일한 접근 방식을 채택했다. 그러나 HTML은 데스크탑 애플리케이션용으로는 너무 제한적이기 때문에 간단한 XAML[3]을 만들어냈다. XAML^{XML Application Markup Language, XML 애플리케이션 마크업 언어}은 XML이며, 더 강력한 HTML로 생각할 수 있다.

디자인 코드와 논리 코드를 혼합하는 것은 오류이므로, WPF는 둘을 분리한다. 각 화면에는 다음과 같이 두 개의 파일이 있다.

---

3. 재믈로 읽는다. – 옮긴이

- 애니메이션까지 모두 포함하는 외관을 구현하는 XAML 파일
- 화면의 기능적 로직을 설명하는 코드 비하인드$^{code-behind}$라는 C# 파일

실제 예로 MyScreen이라는 화면을 생성하면 MyScreen.xaml(외관) 및 MyScreen.xaml.cs(코드 비하인드)의 두 파일이 만들어진다.

분리된 파일을 사용하면 디자이너와 개발자는 같은 프로젝트에서 각자 자신의 파일로 작업할 수 있어 모든 작업을 수월하게 해준다. 이 분리와는 별개로 WPF는 다음과 같은 기능을 도입했다.

- **컨트롤 조합**: 대부분의 컨트롤은 다른 컨트롤을 호스팅할 수 있다. 예를 들어 ListBox 컨트롤 내부에 버튼을 만들거나 Button 컨트롤 내부에 어떤 도형이나 비디오까지도 넣을 수 있다.
- **모든 화면 해상도 적용**: Windows Forms처럼 픽셀^{pixel}을 사용해 작업하면 프로그램은 해상도가 높아질수록 작아진다. WPF는 화면 해상도와 독립적인 실제 크기 상태를 나타내는 장치 독립적 픽셀을 사용한다.

결론은 무엇인가?

WPF는 단순하게 인터페이스가 생성되기 전이나 생성 중, 또는 비즈니스 로직이 작성된 후를 보여주는 화려한 사용자 인터페이스를 허용한다. 이를 통해 C#에서 비즈니스 로직을 추가하는 것만으로 프로토타입을 애플리케이션으로 전환할 수 있다.

XAML은 매우 유연하기 때문에 이전 프레임워크를 사용해 몇 주가 걸린 대부분의 디자인 작업을 몇 시간 내에 완료할 수 있다. 예를 들어 Windows Forms의 탭에 닫기 버튼을 추가하는 데 5일이 걸리지만, WPF에서는 `TabControl`에 포함돼 있지 않더라도 닫기 버튼을 추가하는 것이 몇 분 만에 완료된다.

XAML

디자이너가 쉽게 사용할 수 있지만 XAML은 매우 강력한 도구다. XML 기반이기 때문에 여러 가지 XAML 고유 기능이나 XML 도구들을 처리할 수 있다.

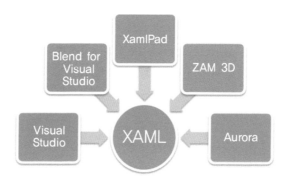

XAML을 강력하게 만드는 기능 중 하나는 XAML이 닷넷 클래스를 인스턴스화하는 매우 쉬운 방법이라는 것이다. 더 자세한 내용은 '3.9 XAML 이해' 절을 참고하자.

3장

WPF 애플리케이션 생성

3.1 개발자-디자이너 워크플로우

WPF 애플리케이션상의 작업에는 다음과 같은 두 가지 역할이 있다.

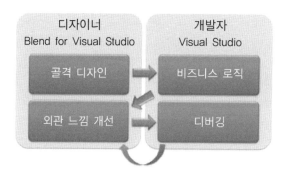

디자이너는 골격 디자인을 만든 다음 사용자 인터페이스의 고품질 버전을 만드는 역할을 담당한다. 개발자는 비즈니스 로직을 코딩하거나 데이터와 연결, 디버깅도 담당한다.

앞 그림에서는 역할에 대해 이야기하고 있다. 작은 팀에서 개발자가 디자이너 역할을 맡을 수 있다. 그러나 대규모 팀의 경우 디자인을 담당하는 별도의 사람을 두는 것이 좋다. 단순히 개발자는 디자이너가 아니기 때문이다. 이 책은 디자이너 도구를 사용하는 방법을 다루지만 망치를 사용한다고 해서 공예가가 될 수 없음을 알게 될 것이다. 멋진 사용자 인터페이스를 설계하는 데는 자체 학습 곡선이 있다.

실제로 내가 참여한 대형 WPF 프로젝트에서 디자이너 작업에 깊은 인상을 받았다. 디자이너들은 며칠간 작업해서 XAML 파일을 제공했고, 정말 사용자에게 편리하게 애플리케이션을 만들었다. 디자인 작업이 비즈니스 코드에 영향을 미치지 않았다.

3.2 편집기

개발자와 디자이너의 역할이 다르므로 그에 맞는 두 가지 도구가 있다. 모든 작업을 수행하기 위해 두 도구 모두를 사용할 수 있지만, 각각의 도구는 작업의 특정 부분을 더 빠르고 편리하게 만든다.

비주얼 스튜디오는 개발자를 대상으로 한다. 컨트롤을 추가하고, XAML을 수동으로 편집하고, 비즈니스 로직을 작성할 때 비주얼 스튜디오를 사용한다.

Blend for Visual Studio는 디자이너용이다. 컨트롤의 모양을 변경하고 애니메이션을 만들 때 사용한다.

Blend for Visual Studio는 현재 비주얼 스튜디오와 함께 설치된다. 이전에는 별도의 프로그램인 Expression Blend로 판매됐다. 비주얼 스튜디오 2013보다 구버전의 비주얼 스튜디오로 WPF 작업을 할 때 Expression Blend를 사용하려면 별도로 설치해야 한다.

3.3 컨트롤 추가

화면[1]에 컨트롤을 추가하는 방법에는 다음과 같은 두 가지 방법이 있다.

1. 도구상자에서 컨트롤을 끌어다 놓는 방법
2. 단순히 XAML 파일에 XML 요소를 추가하는 방법

XML 요소를 수동으로 추가하는 경우 위치와 크기는 컨테이너에 따라 다르다. 컨테이너에 대해서는 '3.13 레이아웃' 절에서 설명하겠지만, 지금은 그냥 컨트롤을 Grid에 추가할 때 모든 화면 크기를 차지하고 Canvas에 추가할 때 왼쪽 위 모서리에 위치하게 된다고 생각하자.

예를 들어 다음 XAML 코드는 전체 화면에 걸쳐 있는 Button 컨트롤을 표시할 것이다.

```
<Grid xmlns="...">
    <Button Content="Hello world" />
</Grid>
```

---

1. 이 책 전체에서 화면이란 창(window)이나 페이지(page) 또는 사용자 정의 컨트롤(user control)을 의미한다. 사실, 모든 것이 컨테이너(container)다.

3.4 단순 컨트롤

WPF는 비교적 적은 수의 컨트롤을 제공한다. 이는 '5.1 컨트롤 모양 변경' 절에서 보게 되겠지만 순수 XAML을 사용해 모양을 쉽고 완전하게 개편할 수 있기 때문이다. 기본 컨트롤을 살펴보자.

기본 컨트롤

기본 컨트롤에 대해 설명할 필요는 거의 없다. 왼쪽 XAML에서 기본 컨트롤의 선언을 볼 수 있다. 오른쪽에는 해당 컨트롤의 기본[2] 모양이 표시된다.

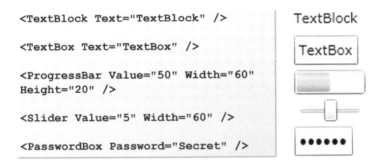

위 컨트롤들은 대칭적이다. TextBlock 및 TextBox는 문자열을 Text 속성으로 표시하거나 입력할 수 있지만, ProgressBar 및 Slider에서는 자체 Value 속성으로 double 값을 표시하거나 입력할 수 있다.

텍스트를 표시하기 위해 Label 컨트롤보다 TextBlock 컨트롤을

---

2. 컨트롤의 외관은 XAML을 사용해 쉽게 변경할 수 있다는 것을 기억하자.

우선 사용해야 한다는 점을 주의하자. Label 컨트롤은 텍스트보다 훨씬 더 많은 것들을 표시할 수 있는 훨씬 더 유연한 콘텐츠 컨트롤이다. Label 컨트롤에는 무엇이든 표시할 수 있기 때문에 긴 텍스트를 줄 바꿈 할 수 있는 텍스트 전용의 TextWrapping과 같은 속성이 없고 TextBlock 컨트롤에는 있다.

다음과 같이 기본 컨트롤러를 사용해보자.

1. 비주얼 스튜디오를 시작한다.

2. 파일 ❭ 새로 만들기 ❭ 프로젝트… 메뉴 항목을 클릭한다.

3. 새 프로젝트 대화상자에서 왼쪽에 있는 템플릿에서 Visual C# ❭ Windows 클래식 바탕 화면을 선택해 WPF 앱(.NET Framework) 템플릿을 선택한다.[3] 하단의 이름 영역에 'WpfBasicContolApp1'을 입력한다. 확인 버튼을 클릭한다.

---

3. 비주얼 스튜디오 2015에서는 **템플릿** ❭ **Visual C#** ❭ 창을 선택해 **WPF 응용 프로그램** 템플릿을 선택한다. - 옮긴이

4. 보기 ▶ 솔루션 탐색기 메뉴 항목을 클릭해 솔루션 탐색기를
   연다.

5. 솔루션 탐색기에서 프로젝트에 기본으로 생성된 MainWindow.
   xaml 파일을 더블 클릭한다.

6. 열린 MainWindow.xaml 페이지의 XAML 탭에서 `<Grid>` `</Grid>` 부분을 찾는다.

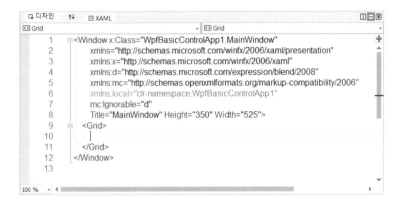

7. `<Grid>` `</Grid>` 부분을 `<StackPanel>` `</StackPanel>`로 변경한다(StackPanel은 다수의 컨트롤을 쌓아서 표시하는 레이아웃으로 자세한 내용은 추후 설명한다).

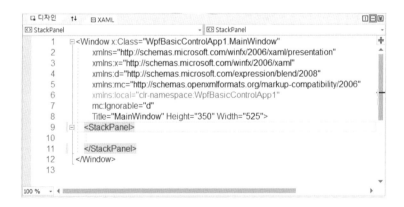

8. <StackPanel>과 </StackPanel> 사이에 다음과 같은 코드를 추가한다. 코드 추가 시 디자인 탭 페이지에 코드에 해당하는 컨트롤이 표시되는 것을 확인할 수 있다.

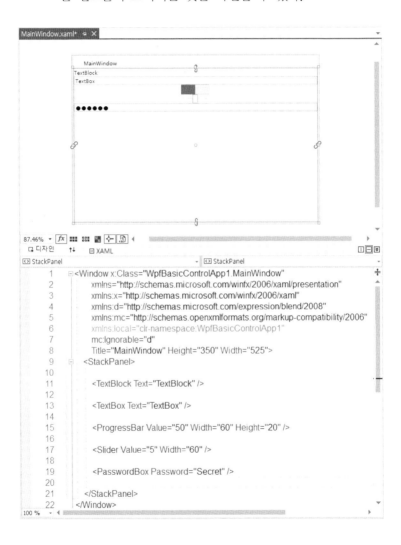

9. 애플리케이션을 실행한다(디버그 ❯ 디버깅 시작 메뉴 항목 클릭).

10. 애플리케이션을 닫는다.

멀티미디어 컨트롤

Image 컨트롤은 물론 모든 그림을 표시하고 MediaElement는 동영상을 표시한다. 둘 다 다음과 같이 공통 크기 조절 동작을 공유한다.

- 두 컨트롤은 컨트롤에 할당된 크기에 맞춰 자신의 내용을 크기 조절한다.
- 두 컨트롤은 내용의 크기를 조절하는 방법을 지정하는 Stretch 속성을 제공한다.

Stretch 속성의 가장 흥미로운 값들은 다음과 같다.

- **Uniform**(기본 값): 필요에 따라 측면에 투명 여백을 남겨두고 이미지의 크기가 비례해 조절된다.
- **Fill**: 이미지 비례적으로 크기가 조절되고, Image 컨트롤에 할당된 전체 공간을 채운다.

다음 코드는 그림의 높이가 50으로, 크기 조절(너비는 제공되지 않았으므로 자동으로 계산된다)해 표시되며, 동일한 특성을 갖는 동영상을 표시한다.

```
<Image Source="fleurs.jpg" Height="50" />

<MediaElement Source="ic09.wmv" Height="50" />
```

앞서 설명한 것처럼 WPF의 크기는 픽셀 단위로 제공되지 않는다. 화면 해상도가 높아지면 픽셀 크기가 제대로 조정되지 않기 때문이다. 크기는 장치 독립적 픽셀로 제공된다. 화면이 정확하게 보정되면 하나의 장치 독립 픽셀은 약 0.5밀리미터다. 즉, 50은 화면에서 약 2.5센티미터를 나타낸다. 이 크기는 선택한 화면 해상도에 관계없이 동일하게 유지된다. 좋은 소식은 이것이 근래의 높은 화면 해상도에서 애플리케이션이 잘 동작할 수 있게 해준다는 점이다.

그리기 컨트롤

타원, 사각형 및 경로Path 컨트롤은 기본 모양 그리기 컨트롤이다. 이 컨트롤은 모두 다음과 같은 공통 속성을 공유한다.

- **Fill**: 컨트롤의 내부를 칠하는 데 사용되는 브러시
- **Strike**: 컨트롤의 윤곽을 그리는 데 사용되는 브러시

- **Stretch**: 멀티미디어 컨트롤에서 방금 봤듯이 크기를 조절할 때 컨트롤의 모양 크기 조절 방식

Path 컨트롤은 매우 유연한다. 점들의 목록을 제공하고 세그먼트segment 또는 베지어Bezier 곡선(3차원 곡선)을 사용해 점의 목록을 연결할 수 있다. 점들을 수동으로 제공하는 것은 너무 힘들기 때문에 Blend for Visual Studio를 사용해 모양을 그리거나 XAML을 생성하는 그리기 도구나 변환기 도구에서 모양을 내보내는 두 가지 옵션이 있다.

타원, 사각형 및 경로 컨트롤은 컨테이너 컨트롤이 아니기 때문에 자식을 가질 수 없지만 상관없다. 텍스트를 추가해야 하는 경우 해당 컨트롤들 위에 TextBlock을 둘 수 있고, Grid 컨트롤에 모두 그룹화해 동일한 크기로 만들 수 있다.

화면의 아무 곳에나 배치하는 것 외에도 기존 컨트롤에 새로운 모양을 나타낼 수 있게 템플릿 내에 해당 컨트롤들을 사용할 수 있다. 더 자세한 내용은 곧 다룬다.

콘텐츠 컨트롤

콘텐츠Content 컨트롤은 콘텐츠를 가진 모든 컨트롤이 될 수 있다. 이를 위해 Content 속성을 노출한다. 콘텐츠 컨트롤은 다음과 같다.

- Button
- Border
- ScrollViewer
- ViewBox

다음은 몇 가지 버튼을 보여준다. 다시 말하지만 버튼의 기본 모양
은 오른쪽에 표시된다.

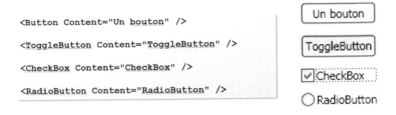

```
<Button Content="Un bouton" />

<ToggleButton Content="ToggleButton" />

<CheckBox Content="CheckBox" />

<RadioButton Content="RadioButton" />
```

Content 속성은 Content 특성을 사용해 할당된다는 점에 주의하
자. 간단한 콘텐츠로 잘 작동한다. 좀 더 복잡한 콘텐츠를 지정해야
하는 경우 Content 요소를 사용하는 대신 하위 요소를 콘텐츠 컨트
롤에 제공할 수 있다. 다음은 두 가지 예제다.

```
<Button Padding="10">
  <MediaElement Source="ic09.wmv"
    Height="50" />
</Button>

<Button Width="100">
  <CheckBox>
    <TextBlock
      Text="Avec un retour à la ligne"
      TextWrapping="Wrap" />
  </CheckBox>
</Button>
```

앞서 말했듯이 내용이 무엇이든 콘텐츠가 될 수 있다. 위 예제에서
버튼에 체크박스를 추가하는 방법을 확인했는가? 체크박스 추가는
Windows Forms와 같은 프레임워크에서는 Button 컨트롤에 Enable
CheckBox 속성이 없기 때문에 불가능했다. WPF를 사용하면 필요한
기능을 얻기 위해 컨트롤을 간단하게 결합할 수 있다. 게다가 나중에

보겠지만 컨트롤의 외관 또한 변경할 수 있다.

이는 개발자에게 큰 유연성을 제공한다. 예를 들어 ScrollViewer 컨트롤로 컨트롤을 감싸는 것만으로 모든 컨트롤에 스크롤을 추가할 수 있다. 또한 Border 컨트롤로 컨트롤을 감싸 모든 컨트롤의 테두리를 추가할 수 있다. 예를 들어 TextBlock 컨트롤의 Border 속성을 찾지 않고 단순히 Border 컨트롤을 사용해 컨트롤을 감싸면 된다.

다음은 Border 컨트롤 및 ScrollViewer 컨트롤을 사용해 동영상에 스크롤바를 추가하는 예제다.

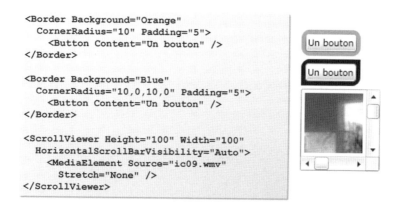

이제 내가 선호하는 WPF 컨트롤 중 하나인 ViewBox를 소개할 차례다. ViewBox 컨트롤은 WPF의 유연성을 보여주기 때문에 좋아한다. ViewBox 컨트롤은 마치 사진처럼 모든 콘텐츠의 크기를 조정할 수 있으며, 콘텐츠는 계속 사용할 수 있다. 즉, 사용 가능한 너비와 높이에 맞게 화면을 신속하게 조정할 수 있다. 컨트롤 템플릿 및 애플리케이션의 많은 부분에 매우 유용할 것이다.

ViewBox 컨트롤 작업 방법은 다음과 같다.

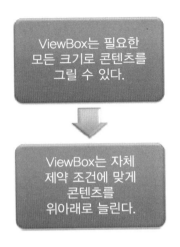

이제 무엇을 할지 예상되는가? ViewBox 컨트롤에는 콘텐츠의 크기를 조정하는 방법을 나타내는 Stretch 속성이 있다. 그리고 Image 및 MediaElement 컨트롤의 Stretch 속성과 똑같이 동작한다.

ViewBox 컨트롤의 간단한 사용과 그 결과 표시를 함께 살펴보자.

```
<Grid Height="60" Width="100" Background="LightBlue">
    <Button Content="A" />
</Grid>
```

위 예제에서는 ViewBox 컨트롤이 없는 상태다. 나중에 알게 되겠지만 Grid 컨트롤은 자신의 콘텐츠를 늘여서 Grid의 영역을 가득 채울 것이다. 따라서 Button 컨트롤은 모든 Grid 컨트롤 크기를 사용한다.

```
<Grid Height="60" Width="100" Background="LightBlue">
    <Viewbox>
        <Button Content="A" />
    </Viewbox>
</Grid>
```

두 번째 예제에서는 Grid 컨트롤과 Button 컨트롤 사이에 ViewBox 컨트롤을 넣었다. Button 컨트롤은 필요한 크기(여기에 다른 제약 조건이 없으므로 크기는 자체 텍스트를 표시하기에 필요한 크기임)를 사용해 그려지게 되고, Grid 컨트롤 크기 전체를 가득 채우는 ViewBox 컨트롤에 의해 위로 늘어난다. 버튼 테두리가 얼마나 두껍게 보이는지 확인하자. 모든 컨트롤의 테두리는 비례적으로 늘어난다.

이제 사용했던 ViewBox 컨트롤에 하나의 속성만 추가해보자.

```
<Grid Height="60" Width="100" Background="LightBlue">
    <Viewbox Stretch="Fill">
        <Button Content="A" />
    </Viewbox>
</Grid>
```

결과를 알아보겠는가? Button 컨트롤이 왜곡된다.

가장 좋은 점은 ViewBox가 콘텐츠 컨트롤이므로 전체 화면 크기를 조절하는 데 사용할 수 있다는 점이다. 다음과 같은 화면이 있다고 가정해보자.

```
<Grid xmlns="...">

    <Button Content="Hello world" ... />

    <ListBox ... />

    <DataGrid ... />

</Grid>
```

다음과 같이 ViewBox 컨트롤을 추가하는 것만으로 모든 크기의 전체 화면 크기 조절이 가능하다.

```
<ViewBox xmlns="...">

    <Grid>

        <Button Content="Hello world" ... />

        <ListBox ... />

        <DataGrid ... />

    </Grid>

</ViewBox>
```

ViewBox를 추가하는 방식은 구현이 빠르지만 단점이 있다. 즉, 모든 내용의 크기를 조정한다. ListBox 컨트롤에 더 많은 공간 제공과 같이 좀 더 복잡한 크기 조절을 원한다면 layout 컨트롤을 사용해야 한다.

3.5 탐색

이제 사용자는 애플리케이션 내에서 탐색[Navigation]하는 데 익숙하다. 이전 화면으로 돌아가기 및 기록에서 되돌아가기는 애플리케이션 요구 사항의 흔한 일부 기능이다. 다른 것을 자유롭게 사용할 수 있지만, WPF는 편리한 탐색 프레임워크를 제공한다.

WPF 탐색 시스템 사용 시 화면은 페이지[Page]들이고, 페이지들은 단일 Frame 컨트롤 내부에 표시된다. Frame 컨트롤은 웹 브라우저와 웹 페이지의 페이지들로 생각하자.

페이지는 XAML 파일이고 테두리나 창 관련 속성이 없다는 것을
제외하면 창^{Window}과 마찬가지로 고려할 수 있다. Page는 사용자 정의
컨트롤의 하위 클래스이므로 사용자 정의 컨트롤로 생각할 수도 있
다. 어쨌든 Page를 만들려면 비주얼 스튜디오[4]를 사용해 페이지 요소
를 추가하기만 하면 되고, 대략 다음과 같은 XAML이 생성된다.

```
<Page x:Class="..." Title="...">
    <Grid>
        ...
    </Grid>
<Page>
```

애플리케이션에 필요한 화면만큼의 페이지를 생성한 다음 페이지
브라우저로 사용할 Frame 컨트롤을 추가한다. Frame 컨트롤을 배치
하는 자연스러운 장소는 기본으로 생성된 MainWindow.xaml 창이
다. 다음으로 Source 속성을 사용해 표시할 페이지를 Frame 컨트롤
에 지정한다.

코드는 대략 다음과 같다(아마도 MainWindow.xaml 내부일 것이다).

```
<Frame Source="/Welcome.xaml">
<Frame>
```

 페이지 이름 앞의 "/"를 잊지 않도록 한다.

---

4. 솔루션 탐색기에서 마우스 오른쪽 버튼 클릭 후 **추가 ▶ 페이지**를 선택해 페이지(Page)를
   추가할 수 있다. -옮긴이

이 코드는 Welcome 페이지를 표시한다. 이제 사용자가 한 페이지에서 다른 페이지로 이동할 수 있는 방법이 필요하다. XAML이나 C#을 사용해 이동[navigate] 처리를 할 수 있다.[5]

코드 비하인드를 사용해 다른 페이지 탐색

```
NavigationService.Navigate(
    new Uri("/Payment.xaml", UriKind.Relative)
);
```

XAML을 사용해 다른 페이지 탐색

```
<Label>
    <Hyperlink NavigateUri="/Payment.xaml">
      Pay now
    </Hyperlink>
</Label>
```

3.6 코드 작성: 스스로 작성

이제는 키보드를 잡고 코드를 작성할 차례다. 내가 쓴 학습 시리즈 책에 익숙하지 않은 경우를 대비해서 어떻게 작업하는지 설명하겠다.

---

5. 코드 비하인드 및 XAML을 이용한 코드는 동일하게 Payment.xaml 페이지로 이동하는 동작을 수행하며, 둘 중 구현이 편한 쪽을 선택하면 된다. —옮긴이

이 책의 연습문제에 대해

모든 연습문제는 서로 연결돼 있다. 작은 전자상거래 애플리케이션을 만들 것이다. 사용자는 제품을 찾아보고 장바구니에 추가할 수 있으며, 사이트 관리자가 제품을 나열, 생성, 수정 및 삭제할 수 있는 완전한 백엔드^{back-end}를 만들 수 있다.

독자가 힘들 경우

혼자서 모든 연습문제를 해결할 수 있을 것이다. 막히거나 컴퓨터를 갖고 있지 않아도(또는 해당 책의 전제 조건이 갖춰지지 않아도 나와 함께라면 괜찮다) 문제없다. 이 책의 모든 연습문제에 대한 풀이를 각 연습문제마다 제공할 것이다.

3.7 연습문제: 애플리케이션과 연락처 페이지 생성

BikeShop이라는 새 WPF 애플리케이션을 생성한다.

애플리케이션에 Contact.xaml이라는 새 페이지를 추가한다.

Contact 페이지에 두 개의 TextBox 컨트롤과 두 개의 TextBlock 컨트롤을 추가해 사용자가 메시지를 입력할 수 있게 한다.

Contact 페이지가 MainWindow.xaml 화면에 기본으로 표시되는지 확인한다.

애플리케이션은 다음과 같은 모양일 것이다.

기초라는 것을 알지만 더 많은 것을 하기 전에 기본을 배워둬야
한다.

다음 단계로 진행해 초급 딱지를 떼어보자.

3.8 연습문제 풀이

1. 비주얼 스튜디오를 시작한다.

2. 파일 ➤ 새로 만들기 ➤ 프로젝트... 메뉴 항목을 클릭한다.

3. 새 프로젝트 대화상자에서 왼쪽에 있는 템플릿 ➤ Visual C# ➤
   Windows 클래식 바탕 화면[6]을 선택해 WPF 앱(.NET Framework)
   템플릿을 선택한다. 하단의 이름 영역에 'BikeShop'을 입력한

---

6. 비주얼 스튜디오 2015에서는 **템플릿** ➤ **Visual C#** ➤ **창**을 선택해 **WPF 응용 프로그램** 템플릿
   을 선택한다. - 옮긴이

다. 확인 버튼을 클릭한다.

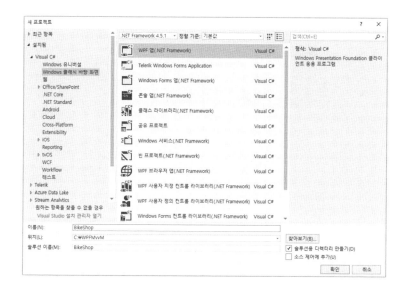

4. 보기 ❯ 솔루션 탐색기 메뉴 항목을 클릭해 솔루션 탐색기를 연다.

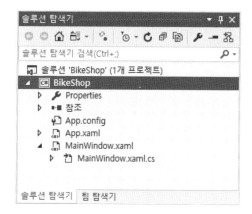

5. 솔루션 탐색기에서 프로젝트를 마우스 오른쪽 클릭해 컨텍스트 메뉴에서 추가 ▶ 페이지를 선택한다.

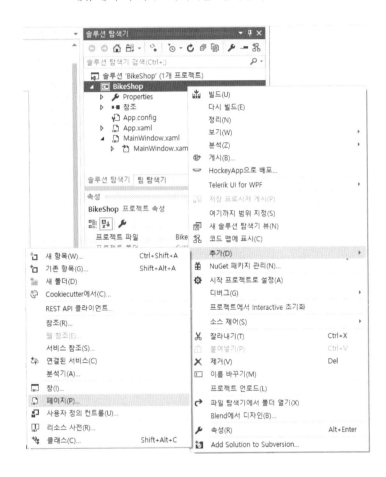

6. 새 항목 추가 대화상자에서 하단 이름 영역에 'Contact'를 입력한다. 추가 버튼을 클릭한다.

7. 보기 ▶ 도구상자 메뉴를 클릭해서 도구상자를 연다.

8. 두 개의 TextBlock 컨트롤과 두 개의 TextBox 컨트롤을 도
   구상자에서 디자인 화면으로 끌어다 놓는다. 화면을 원하는
   대로 보이게 배치하고 크기를 조정한다.

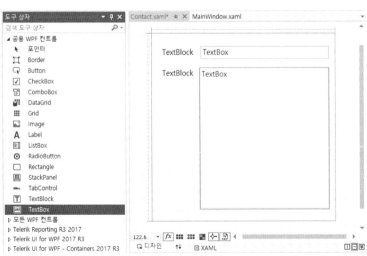

9. 보기 ❯ 속성 창 메뉴를 클릭해서 속성 창이 표시되게 한다.

10. TextBlock 컨트롤을 먼저 클릭하고 Text 속성을 Sender로
변경한다.

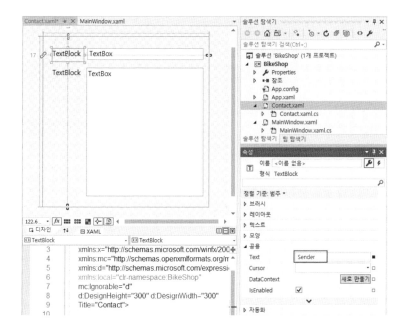

11. 두 번째 TextBlock 컨트롤을 클릭하고 Text 속성을 Message
로 변경한다.

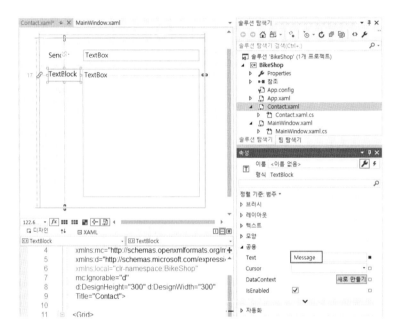

12. 첫 번째 TextBox 컨트롤을 클릭하고 Text 속성을 빈 문자열
로 변경한다.

13. 두 번째 TextBox 컨트롤을 클릭하고 Text 속성을 빈 문자열
로 변경한다.

14. 솔루션 탐색기에서 MainWindow.xaml 파일을 더블 클릭한다.

15. Grid 요소 내부에 Frame 요소를 추가한다. MainWindow.xaml 코드는 다음과 같다.

```
  1  <Window x:Class="BikeShop.MainWindow"
  2       xmlns="http://schemas.microsoft.com/winfx/2006/xaml/presentation"
  3       xmlns:x="http://schemas.microsoft.com/winfx/2006/xaml"
  4       xmlns:d="http://schemas.microsoft.com/expression/blend/2008"
  5       xmlns:mc="http://schemas.openxmlformats.org/markup-compatibility/2006"
  6       xmlns:local="clr-namespace:BikeShop"
  7       mc:Ignorable="d"
  8       Title="MainWindow" Height="350" Width="525">
  9     <Grid>
 10
 11       <Frame Source="/Contact.xaml" />
 12
 13     </Grid>
 14  </Window>
 15
```

16. 애플리케이션을 실행한다(디버그 ➤ 디버깅 시작 메뉴 항목 클릭).

17. 애플리케이션을 닫는다.

18. 솔루션 탐색기에서 Contact.xaml 파일을 더블 클릭한다.

19. Contact.xaml 페이지의 디자인 탭에서 첫 번째 TextBox 컨트롤을 선택하고, 우측 자동 크기 조절 아이콘을 클릭한다.

20. 두 번째 TextBox 컨트롤을 선택하고 우측 및 하단 자동 크기 조절 아이콘을 클릭한다.

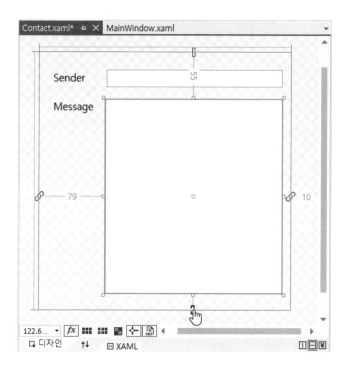

21. 애플리케이션을 실행한다.

22. 애플리케이션을 닫는다.

3.9 XAML 이해

이제 개발자의 입장에서 XAML을 이해하는 핵심 부분이다. XAML 이해 부분이 너무 이론적이라고 느끼면 건너뛰어도 괜찮다. 많은 WPF 개발자는 XAML 이해 수준을 갖추지 못하고 부족함을 보완하기 위해 인터넷 포럼을 이용한다. 그러나 WPF 애플리케이션 개발 시에 해당 부분을 계속해서 읽다보면 초능력을 얻을 수 있다.

아직 여기를 읽고 있는가? 좋다, 안전벨트를 착용하고 가보자!

XAML 네임스페이스

방금 만든 페이지에는 루트 요소에 적용된 여러 xmlns 특성^{attribute}이 있다. 기본적으로 XAML 파일은 다음과 같다.

```
<StackPanel
    xmlns="http://schemas.microsoft.com/winfx/2006/xaml/
presentation"
    xmlns:x="http://schemas.microsoft.com/winfx/2006/xaml">
    <Button x:Name="someButton">Hello</Button>
</StackPanel>
```

xmlns 특성은 XAML 개념이다. 이 특성은 C# 코드의 using 키워드와 같이 XAML 네임스페이스의 사용을 선언한다. 값은 URL이다. URL이 "http://"로 시작하지만 브라우저에 URL을 입력하면 아무것도 표시되지 않을 수도 있다. XML은 여러 XML 문서에서 고유한 이름 영역을 보장하기 위해 URL을 사용한다.

xmlns 특성이 요소에 추가되면 이 요소와 해당 하위 요소에 기본적으로 해당 URL이 접두어로 추가된다는 것을 의미한다. 위 예제에서 StackPanel 요소는 실제로 다음과 같다.

```
http://schemas…./presentation:StackPanel.
```

마찬가지로 xmlns:something 특성은 무언가에 접두어가 붙은 모든 요소 앞에 실제로 해당 URL 접두어가 있음을 의미한다. 위 예제에서 x:Name 특성은 실제로 다음과 같다.

```
http://schemas..../xaml:Name.
```

XAML 파일에는 다양한 XML 네임스페이스에 해당하는 몇 가지 xmlns:something 특성이 있지만 WPF의 기본 특성은 다음과 같다.

```
http://schemas.microsoft.com/winfx/2006/xaml/presentation
```

WPF 컨트롤을 나타낸다. 사실 위의 경로는 System.Windows, System.Windows.Controls, System.Windows.Media.Media3D 등의 닷넷 WPF 네임스페이스에 매핑된다.

```
http://schemas.microsoft.com/winfx/2006/xaml
```

XAML 키워드를 나타낸다. 예를 들어 x:Name 특성은 WPF 관련 XAML 파일뿐만 아니라 모든 XAML 파일 내에서 사용할 수 있으므로 위 네임스페이스에 해당한다.

객체 생성

XAML은 단순한 닷넷 언어 이상이다. 간단한 외관 묘사 도구로 사용되더라도 구문은 언어의 강력함을 숨기고 있다. 사실 XAML은 객체를 생성하는 쉬운 방법이다. 예를 들어 다음의 두 구문은 동일하다.

C#에서 객체 생성

```
new Car();
```

```
<Car />
```

위 예제에서 Car는 모든 클래스가 될 수 있다. 'WPF 컨트롤'을 의
미하는 접두어가 없고 WPF에 Car 컨트롤이 없기 때문에 위 예제는
실패로 나타날 것이다. 그러나 다음 XAML 구문을 사용해 XAML 네임
스페이스를 자체 닷넷 네임스페이스에 매핑할 수 있다.[7]

```
xmlns:anything="clr-namespace:some;assembly:MyAssembly"
```

위의 경우 assembly:MyAssembly 부분은 선택 사항이며, 네임스
페이스가 XAML 파일과 다른 프로젝트의 일부인 경우에만 사용한다.
이제 Car 클래스를 실제로 선언했다고 가정해보자.

```
namespace BusinessLogic
{
    public class Car
    {
        public double Speed { get; set; }
        public Color Color { get; set; }
    }
}
```

그런 다음 앞의 두 구문 중 하나와 함께 사용할 수 있다. 알고 있는
C# 구문과 방금 설명한 XAML 구문을 사용하면 다음과 같다.

---

7. xmlns는 xml name space를 의미하며, xmlns:접두어="clr-namespace:네임스페이스 명;assembly:
(확장자 없는) 어셈블리 명" 형식으로 사용하고, assembly 부분은 필요에 의해 사용된다. ―옮긴이

C#에서 객체 생성

```
using BusinessLogic;

new Car();
```

XAML에서 객체 생성

```
<Label xmlns:bl="clr-namespace:BusinessLogic">
    <bl:Car />
</Label>
```

속성 정의

이해가 되는가? XAML은 닷넷 언어다. 자, 이제 더 자세히 살펴보자. XAML에서 생성한 객체의 속성^{properties}에 값을 쉽게 할당할 수 있다. 다음은 두 개의 동등한 코드다.

C#에서 객체 생성 및 속성 할당

```
using BusinessLogic;

var c = new Car();
c.Speed = 100;
c.Color = Colors.Red;
```

XAML에서 객체 생성 및 속성 할당

```
<Label xmlns:bl="clr-namespace:BusinessLogic">
    <bl:Car Speed="100" Color="Red" />
</Label>
```

XAML 특성은 객체의 속성에 쉽게 매핑된다. 사용자가 실제 제공한 문자열을 double이나 열거형과 같이 실제 닷넷 타입으로 자동 변환한다.

속성 값을 복잡한 객체에 전달할 수 있지만 구문은 더 장황하다. Car 클래스와 Human 클래스가 다음과 같이 정의된다고 가정해보자.

```
namespace BusinessLogic
{
    public class Human
    {
        public string FirstName { get; set; }
        public bool HasDrivingLicense { get; set; }
    }

    public class Car
    {
        public double Speed { get; set; }
        public Color Color { get; set; }
        public Human Driver { get; set; }
    }
}
```

다음 두 코드는 동일하다.

C#에서 객체 생성 및 속성 할당

```
using BusinessLogic;

var h = new Human();
h.FirstName = "Nick";
```

```
h.HasDrivingLicense = true;

var c = new Car();
c.Color = Colors.Red;
c.Driver = h;
```

XAML에서 객체 생성 및 속성 할당

```
<Label xmlns:bl="clr-namespace:BusinessLogic">
   <bl:Car Color="Red">
     <bl:Car.Driver>
       <bl:Human FirstName="Nick"
          HasDrivingLicense="true" />
     </bl:Car.Driver>
   </bl:Car>
</Label>
```

구문은 좀 더 복잡하지만 실제로 방식이 다른 것은 아니다. 위 예제처럼 줄별로 무언가를 작성할 수 있어서 좋다.

틀린 구문

```
<bl:Car
   Color="Red"
   Driver="bl:Human FirstName=Nick, HasDrivingLicense=true">
</bl:Car>
```

그러나 XAML은 Binding 클래스와 같이 알려진 클래스에 대해서만 해당 구문을 정의한다. 따라서 하위 요소 구문에 익숙해지기만 하면 된다.

66

명명 규칙

XAML 파일에서 선언한 객체를 코드 비하인드에서 조작하거나 단순
히 XAML 요소 일부를 다른 XAML 요소에 참조하기를 원한다면
x:Name 특성을 추가할 수 있다. 예를 들면 다음과 같다.

SomeScreen.xaml

```
<bl:Car x:Name="myCar" Speed="100" Color="Red" />
```

SomeScreen.xaml.cs

```
public partial class SomeScreen : Page
{
    public SomeScreen()
    {
        InitializeComponent();
        myCar.Color = Color.Blue;
    }
}
```

SomeScreen이 표시될 때 파란색 자동차가 표시될 것이다.

> 코드 비하인드에서 InitializeComponent() 호출은 'XAML 상태에 대한 수
> 행'을 의미한다. 엄밀히 말하면 비주얼 스튜디오에 의해 기본적으로 화면 생성자
> 에 배치된다.

XAML 연습문제에서 XAML 컨트롤에 x:Name이나 Name 특성을 모
두 사용할 수 있다는 이상한 점을 발견할 것이다. 사실 둘 모두 같은
의미다. 차이점은 무엇인가? 긴 이야기를 짧게 하자면 x:Name은 항상

사용이 가능한 반면 짧은 Name은 WPF 컨트롤에서만 사용할 수 있고, WPF 3.5 버전 이상에서만 사용할 수 있다.

3.10 이벤트

WPF 컨트롤은 이벤트[event]를 선언하며 속성과 마찬가지로 XAML의 특성으로 사용할 수 있다. 단순히 특성에 코드 비하인드 메소드명을 제공하면 된다. 따라서 다음 코드는 코드 비하인드를 사용해 버튼의 Click 이벤트를 처리한다.

SomeScreen.xaml

```
<Button Click="Greet" />
```

SomeScreen.xaml.cs

```
private void Greet(object sender, RoutedEventArgs e)
{
    MessageBox.Show("Hello");
}
```

비주얼 스튜디오는 이벤트 처리와 관련된 XAML 및 C# 코드를 생성할 수 있다. 속성 창에서 컨트롤이 선택되면 오른쪽 상단의 이벤트 처리기 버튼을 클릭한다. 그런 다음 이벤트 이름 옆의 빈 영역을 더블 클릭하면 작업이 완료된다. 단축 방법으로 컨트롤의 '기본' 이벤트를 처리하려면 디자인 화면에서 해당 컨트롤을 더블 클릭한다.

이벤트는 컨트롤 트리를 위로(대부분) 또는 아래로(가끔) 이동한다. 컨트롤 트리라고 부르는 것은 XAML 파일의 XML 계층 구조다. 다음 XAML을 작성한다고 가정해보자.

```
<Grid MouseLeftButtonDown="SaySomething">
    <Button MouseLeftButtonDown="SayHello" />
    <Button MouseLeftButtonDown="SayGoodbye" />
</Grid>
```

첫 번째 버튼을 클릭하면 SayHello 및 SaySomething 메소드가 모두 호출된다. 두 번째 버튼을 클릭하면 SayGoodbye 및 SaySomething 메소드가 모두 호출[8]된다.

> WPF는 버블(bubble) 및 터널(tunnel) 이벤트 유형을 정의한다. 대부분의 이벤트는 버블 유형이다. 즉, 컨트롤 트리를 이동한다는 의미이므로 SayHello 메소드가 SaySomething 메소드보다 먼저 호출된다. 이름이 'Preview'로 시작하는 이벤트들은 터널 유형이다.

3.11 연습문제: 메뉴 페이지 생성

 애플리케이션에 Menu.xaml이라는 새 페이지를 추가하고 Contact 페이지 대신 MainWindow.xaml 화면에 기본적으로 표시되는지 확인한다.

---

8. 내 어린 아들 니콜라스가 가장 좋아하는 노래는 비틀즈의 Hello goodbye이다. 이 메소드의 이름은 아들을 위한 것이다. :-)

Button 컨트롤 세 개와 TextBlock 컨트롤 하나를
Menu 페이지에 추가한다.

마지막 Button 컨트롤을 클릭하면 애플리케이션이
Contact 페이지로 이동하는지 확인한다.

애플리케이션을 시작하면 다음과 같은 모양일 것이다.

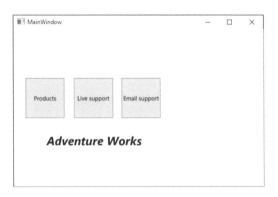

3.12 연습문제 풀이

1. 비주얼 스튜디오로 전환해 '3.8 연습문제 풀이'에서 생성한
   'BikeShop' 프로젝트를 연다.

2. 보기 ▶ 솔루션 탐색기 메뉴 항목을 클릭해서 솔루션 탐색기를
   연다.

3. 솔루션 탐색기에서 프로젝트(솔루션이 아님)를 마우스 오른쪽
   클릭하고 컨텍스트 메뉴에서 추가 ❯ 페이지를 선택한다.

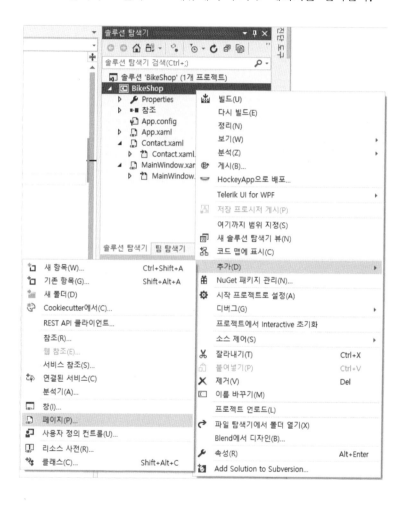

4. 새 항목 추가 대화상자에서 하단 이름 영역을 찾아서 'Menu'
   를 입력하고 추가 버튼을 클릭한다.

5. 보기 ▶ 도구상자 메뉴 항목을 클릭해서 도구상자를 연다.

6. Button 컨트롤 세 개와 TextBlock 컨트롤 하나를 도구상자에서 디자인 화면으로 끌어다 놓는다. 화면을 원하는 대로 보이게 배치하고 크기를 조절한다.

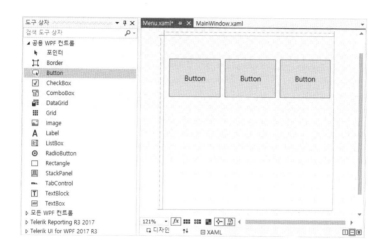

7. TextBlock 컨트롤 하나를 도구상자에서 디자인 화면으로 끌어다 놓는다.

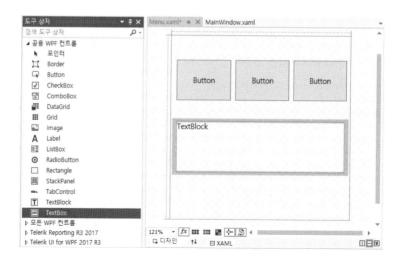

8. 보기 ▶ 속성 창 메뉴 항목을 클릭해서 속성 창이 표시되게 한다.

9. 첫 번째 버튼 컨트롤을 클릭하고 Content 속성을 Products 로 변경하고, 두 번째 버튼 컨트롤의 Content 속성을 Live support로 변경하고, 세 번째 버튼 컨트롤의 Content 속성 을 Email support로 변경한다.

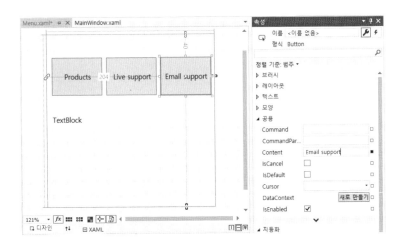

10. TextBlock 컨트롤을 클릭하고 Text 속성을 Adventure Works로 변경하고, 텍스트 크기를 24px로 변경한 후 기울임 꼴 아이콘을 선택한다.

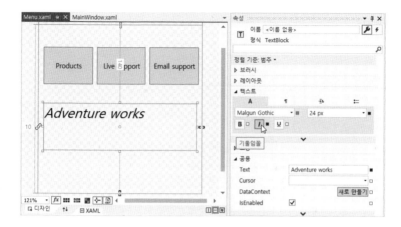

11. Email support 표시 버튼을 더블 클릭한다.

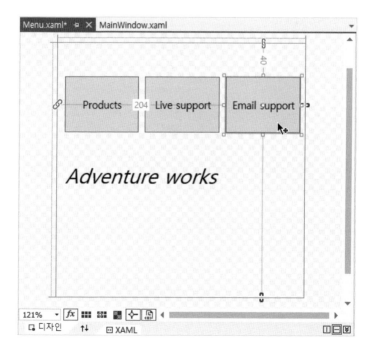

12. 이렇게 하면 XAML에 `Click` 특성이 추가되고 코드 비하인드에 이벤트 처리기가 추가되면서 코드 비하인드 페이지가 열린다.

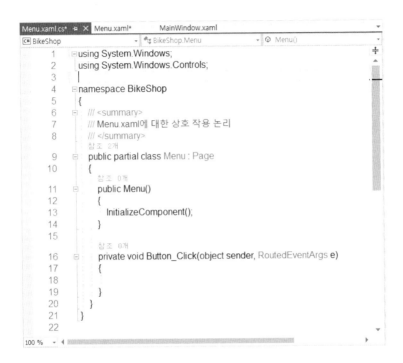

13. 생성된 이벤트 처리기에 다음 코드를 추가한다.

```
Menu.xaml.cs*  × │  Menu.xaml*        MainWindow.xaml
BikeShop                    ▼  BikeShop.Menu              ▼  Button_Click(object sender, Ro ▼
  1    using System;
  2    using System.Windows;
  3    using System.Windows.Controls;
  4
  5    namespace BikeShop
  6    {
  7        /// <summary>
  8        /// Menu.xaml에 대한 상호 작용 논리
  9        /// </summary>
       참조 2개
 10        public partial class Menu : Page
 11        {
           참조 0개
 12            public Menu()
 13            {
 14                InitializeComponent();
 15            }
 16
           참조 0개
 17            private void Button_Click(object sender, RoutedEventArgs e)
 18            {
 19                NavigationService.Navigate(
 20
 21                    new Uri("/Contact.xaml", UriKind.Relative)
 22
 23                    );
 24            }
 25        }
 26    }
 27
100 %  ▼  ◄
```

14. 솔루션 탐색기에서 MainWindow.xaml 파일을 더블 클릭한다.

15. Frame 요소의 Source 특성을 다음과 같이 변경한다.

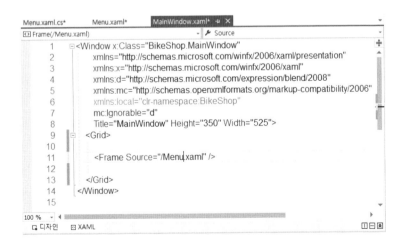

16. 애플리케이션을 실행한다(디버그 ➤ 디버깅 시작 메뉴 항목 클릭).

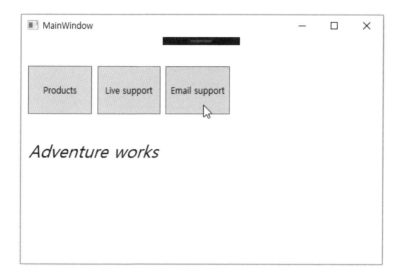

17. Email support 표시 버튼을 클릭한다. Contact 페이지가 표
시되는지 확인한다.

18. 표시된 페이지 왼쪽 상단 모서리에 버튼을 사용해서 메뉴 페
    이지로 다시 이동한다.

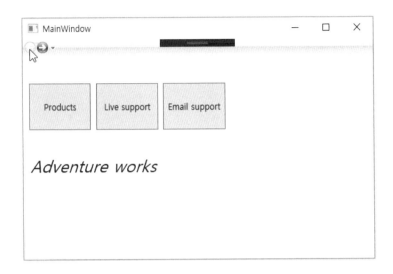

19. 애플리케이션을 닫는다.

3.13 레이아웃

화면이 크기 조절되지 않는 이유

애플리케이션의 창 크기를 조절하면 컨트롤들이 움직이지 않는다는
것을 알게 될 것이다. 컨트롤이 원래 위치에 남아있다는 것은 창 크기
를 더 크게 조정하면 여분의 공간이 줄어들고, 창이 작아지면 컨트롤
의 일부가 가려졌다는 의미다. 아마 가려지는 것을 원치 않을 것이다.
컨트롤이 메뉴 페이지의 중심에 있다면 더욱 좋지 않을까?

지금까지 도구상자에서 디자인 화면으로 끌어다 놓기를 사용해 컨트롤을 화면에 추가했다. 비주얼 스튜디오는 끌어다 놓기 동작을 너비, 높이, 왼쪽 및 상단(루트 컨트롤이 Canvas일 때) 또는 Horizontal Alignment 및 VerticalAlignment(루트 컨트롤이 Grid인 경우) 컨트롤 속성으로 변환한다. 이러한 속성은 컨트롤의 위치와 크기를 지정하므로 화면에 고정된 컨트롤이 표시된다.

두려워하지 말자. 화면 크기를 조정할 때 컨트롤이 화면을 따라가게 만드는 것은 아주 쉽다. Panel 컨트롤을 사용하고 WPF 애플리케이션의 컨트롤에 크기를 할당하는 방법을 이해하기만 하면 된다. 바로 다음에 설명하겠다.

크기 할당

WPF는 컨트롤의 최종 너비를 계산하기 위해 다음 과정을 진행한다. 말할 필요도 없이 높이를 계산하기 위해서도 동일한 과정이 반복된다고 말할 수 있다.

앞의 스키마에서 알 수 있듯이 먼저 WPF는 컨트롤의 자식, 부모에 의해 제약된 크기를 조회하고 마지막에 컨트롤 자체의 Width, MinWidth 또는 MaxWidth 속성을 확인한다. 부모 제한 크기는 자식 필수 크기보다 우선이고, Width 속성은 부모나 자식의 값보다 우선한다. 다음과 같은 코드가 있다고 가정해보자.

```
<Canvas Width="50" Height="50" Background="Orange">
   <Button Content="Hello world" Margin="5" />
</Canvas>
```

Canvas 컨트롤은 자식 컨트롤 크기를 제한하지 않고(곧 살펴보겠지만) Button 컨트롤에 Width 속성이 없으므로 Button 컨트롤에 'Hello world' 텍스트 전체를 표시하는 데 필요한 크기가 할당된다.

결과는 다음과 같이 나타난다(배경색은 오렌지색으로 나타난다).

이제 다음과 같은 코드를 고려해보자.

```
<Grid Width="50" Height="50" Background="Orange">
    <Button Content="Hello world" Margin="5" />
</Grid>
```

Grid 컨트롤은 자식의 크기를 제한하므로(마찬가지로 곧 살펴보겠지만) Button 컨트롤에는 Grid 컨트롤의 너비가 지정되고 텍스트는 잘릴 것이다. 결과는 다음과 같다(마찬가지로 배경색은 오렌지색으로 나타난다).

Panel 컨트롤

Panel 컨트롤은 아래 두 가지 용도로 사용한다.

- 하나의 컨트롤만 허용하는 여러 개의 컨트롤을 표시한다 (Button 컨트롤 내부 및 페이지 또는 창 내부의 이벤트).
- 사용 가능한 크기에 따라 컨트롤을 배치한다.

레이아웃 부분은 Panel 컨트롤의 매우 흥미로운 측면이다. 널리 사용되면 애플리케이션 화면을 사용 가능한 화면 영역에 맞게 조정할 수 있다(과장하자면 이것을 반응형 디자인이라 한다).

신사 숙녀 여러분, 내가 사랑하는 패널 컨트롤을 소개하겠다.

Canvas

Canvas 패널을 사용하면 자체 좌표를 제공하는 컨트롤을 배치할 수 있다. 컨트롤에 어떤 크기도 강요하지 않으므로 컨트롤이 자신의 크기 상태로 자유롭거나 자신의 자식에 의해 컨트롤 크기가 정해진다는 의미다. 내부 컨트롤의 위치는 각 내부 컨트롤의 Canvas.Left 및 Canvas.Top 속성을 사용해 선언한다.

> Canvas.Left와 Canvas.Top은 연결된 속성이다. Canvas.Left와 Canvas.Top이 각 컨트롤로 존재하지 않고 Canvas 컨트롤의 Left와 Right 속성이 다른 컨트롤에 연결될 수 있다는 시작점을 선언한다. 이것은 나중에 보게 될 종속성 속성의 마술 같은 기능이다.

다음은 Canvas 사용 예제다.

```
<Canvas>
    <Button Canvas.Top="0" Canvas.Left="0">A</Button>
    <Button Canvas.Top="25" Canvas.Left="0">B</Button>
    <Button Canvas.Top="25" Canvas.Left="25">C</Button>
    <Button Canvas.Top="0" Canvas.Left="50">D</Button>
</Canvas>
```

결과는 다음과 같을 것이다.

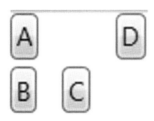

Canvas에 컨트롤을 배치하는 데 필요한 XAML을 입력하는 작업은 따분하다. 단순히 비주얼 스튜디오의 디자인 뷰를 사용해 도구상자에서 자식 컨트롤을 끌어다 놓기 하면 Canvas.Left, Canvas.Top, Width 및 Height 속성이 자동으로 지정된다.

StackPanel

기본 패널은 XAML을 수동으로 편집할 때 매우 편리하다. 반면 디자인 보기에서 StackPanel을 사용하는 것은 번거로울 수 있다. Stack Panel은 컨트롤을 하단에서 상단으로 쌓아서 각 컨트롤에 전체 너비를 할당한다.

StackPanel 컨트롤의 Orientation 제어를 사용해 방향 변경이 가능하다. 값을 Horizontal로 설정하면 자식이 왼쪽에서 오른쪽으로 전체 높이를 채운다. 또한 컨트롤에서 HorizontalAlignment 및 VerticalAlignment 속성을 사용해 전체 너비나 높이 사용을 변경할 수 있다.

다음은 StackPanel 예제 및 그 결과다.

```
<StackPanel Orientation="Vertical">
    <Button>A</Button>
```

```
    <Button>B</Button>

    <Button>C</Button>

    <Button>D</Button>

</StackPanel>
```

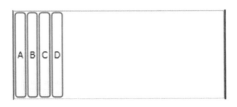

```
<StackPanel Orientation="Horizontal">

    <Button>A</Button>

    <Button>B</Button>

    <Button>C</Button>

    <Button>D</Button>

</StackPanel>
```

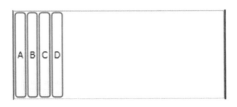

DockPanel

또 다른 패널은 단순히 XAML을 수동으로 편집할 때는 사용하기 쉽지
만, 디자인 보기에서는 번거롭다. DockPanel은 대부분의 데스크탑
애플리케이션과 같은 화면 레이아웃을 빠르게 얻을 수 있다.

DockPanel에 컨트롤을 배치하려면 DockPanel.Dock 연결 속성
에 연결하기만 하면 된다.

다음은 DockPanel 예제 및 그 결과다.

```
<DockPanel>
    <Button DockPanel.Dock="Left">
        Left
    </Button>
    <Button DockPanel.Dock="Right">
        Right
    </Button>
    <Button DockPanel.Dock="Top">
        Top
    </Button>
    <Button>Takes what's left</Button>
</DockPanel>
```

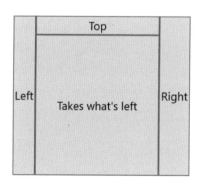

WrapPanel

XAML을 수동으로 편집할 때 사용하기 쉽고, 컨트롤은 왼쪽에서 오른쪽 방향으로 배치되고 모든 너비가 사용돼 오른쪽 끝에 이르면 왼쪽으로 되돌아간다. 워드프로세서에서의 텍스트 입력과 매우 비슷하다.

UniformGrid

XAML을 수동으로 편집할 때 시간을 들이지 않고 입력 UI를 배치하는데 적합하다.

생각해보면 UniformGrid 컨트롤은 꽤 똑똑하다. 컨트롤에 필요한 행과 열의 양을 자동으로 계산한다. 예를 들어 UniformGrid 컨트롤에 9개의 자식이 있으면 3행과 3열을 사용해 조절된다.

Rows 또는 Columns 속성을 사용해 제한할 수도 있다. 예를 들어 UniformGrid 컨트롤에 9개의 자식이 있고 Columns 속성에 2 값을 제공하면 5줄과 2열을 사용해 컨트롤을 완성한다.

UniformGrid 컨트롤의 유일한 문제점은 모든 행과 열을 동일한 너비와 높이로 만든다는 점이다. 이는 프로토타이핑에만 적합하다.

다음은 UniformGrid 예제와 그 결과다.

```
<UniformGrid>
    <Label>Name</Label>
    <TextBox Width="70" />
    <Label>Age</Label>
    <ComboBox />
</UniformGrid>
```

Grid

생각해보면 Grid 컨트롤은 레이아웃 크기를 조정할 수 있는 최상의 다기능 컨트롤이다. 강력함은 복잡함에서 나오므로 XAML을 수동으로 편집할 때 많은 양의 XAML이 필요한 Grid 컨트롤을 사용하고 싶지 않을 수도 있다. 하지만 비주얼 스튜디오 또는 Blend의 디자인 뷰에서는 완벽하게 처리한다.

다음은 Grid 컨트롤을 사용하는 기본 레이아웃과 그 결과다.

```
<Grid Width="200" Height="100">
    <Grid.ColumnDefinitions>
        <ColumnDefinition />
        <ColumnDefinition />
    </Grid.ColumnDefinitions>
    <Grid.RowDefinitions>
        <RowDefinition />
        <RowDefinition />
    </Grid.RowDefinitions>
    <Button Grid.Row="0"
        Grid.Column="0">Button A</Button>
    <Button Grid.Row="1"
        Grid.Column="0">Button B</Button>
    <Button Grid.Row="1"
        Grid.Column="1">Button C</Button>
```

```
<Button Grid.Row="0"
    Grid.Column="1">Button D</Button>
</Grid>
```

Grid를 사용해 배치된 컨트롤은 다음 규칙에 따라 동작한다.

- 컨트롤은 자신이 속한 전체 칸을 채운다.
- 같은 칸에 속한 컨트롤이 각기 다른 컨트롤 상단에 나타난다.
- 컨트롤은 Grid.RowSpan 및 Grid.ColumnSpan 연결 속성을 사용해 몇 개의 열이나 행을 채울 수 있다.

Grid의 RowDefinitions 및 ColumnDefinitions 속성을 사용해 행과 열을 정의하는 방법에 유의하자. 필요한 만큼의 정의가 있을 수 있다.

아무것도 없이 시작되면 사용 가능한 너비(또는 높이)가 정의된 모든 열(또는 행) 간에 동일하게 나뉜다. 그러나 열 정의의 Width 속성(또는 행 정의의 Height 속성)을 사용해 해당 동작을 변경할 수 있다.

다음과 같이 Width 및 Height 속성에는 세 가지 값을 사용할 수 있다.

- **고정 숫자**: 열/행에 픽셀의 수가 할당된다.

- **Auto**: 열/행이 자체 콘텐츠에 대한 크기로 적용된다.
- **별 또는 별이 붙은 숫자**: 열/행이 남은 너비/높이에 비례한 크기가 지정된다. 나중에 설명 예정이다.

다음과 같은 예제를 고려해보자.

```
<Grid.ColumnDefinitions>
    <ColumnDefinition Width="30" />
    <ColumnDefinition Width="*" />
    <ColumnDefinition Width="2*" />
</Grid.ColumnDefinitions>
```

첫 번째 열에는 고정 크기가 지정된다. 그런 다음 남은 너비가 별표 표시된 두 개의 열에 지정된다. 두 번째 열은 하나의 별이 있고 세 번째는 두 개의 별이다. 정의된 모든 별의 합은 세 개이므로 두 번째 열은 너비의 1/3이고, 세 번째는 너비의 2/3이다.

*과 1*은 완전히 동일하다.

패널 컨트롤 요약

앞에서 살펴봤던 패널 컨트롤 목록은 다음 표와 같다. 일부는 XAML에 거의 필요하지 않기 때문에 XAML 수작업에 더 적합하며, 일부는

XAML에 필요한 것이므로 비주얼 스튜디오 디자인 화면에 더 적합하다.

예를 들어 XAML을 수동으로 편집할 때 Grid 컨트롤이 아닌 StackPanel 컨트롤의 사용을 추천한다.

컨트롤	크기 강제	사용 편의
Canvas	No	디자인 뷰
DockPanel	Yes	XAML
Grid	Yes	디자인 뷰
StackPanel	Yes	XAML
UniformGrid	Yes	XAML
WrapPanel	Yes	XAML

대개 화면에서 비주얼 스튜디오 디자인 뷰를 사용할 때 사용자는 Canvas(고정 레이아웃용) 및 Grid(크기 조절 레이아웃용) 컨트롤을 선호한다.

3.14 목록 컨트롤

목록[list] 컨트롤을 언급하지 않고는 장을 완전하게 마무리할 수 없다. 대부분의 경우 요소가 XAML을 사용해 정의되지 않고, 오히려 데이터 요소 컬렉션에 바인딩되기 때문에 지금부터 빠르게 살펴보겠다. 자세한 내용은 '4.4 목록 컨트롤을 사용하는 컬렉션 표시' 절에서 살펴볼 예정이다.

목록 컨트롤에 대한 또 다른 공통점은 컨트롤 모양을 변경하는 템플릿뿐만 아니라 항목의 표시 방법을 변경하는 항목 템플릿을 제공할 수 있다는 것이다('4.5 목록 컨트롤 사용자 정의' 절에서 다룬다). 다음 두 가지를 의미한다.

- 아래 보이는 모양이 기본 모양이고 쉽게 변경할 수 있다.
- 외형이 아닌 필요한 동작에 초점을 맞춰 컨트롤을 선택해야 한다.

선택 컨트롤

ListBox는 하나 또는 그 이상의 항목을 선택할 수 있으며, 한 번에 여러 항목을 표시할 수 있다. ComboBox는 하나의 항목을 선택할 수 있으며, 두 가지 표시 모드를 갖는다. 하나는 선택한 요소가 표시되고 다른 하나는 사용 가능한 요소가 표시되는 모드다.

```
<ListBox Height="100">
    <Label>Element 1</Label>
    <Label>Element 2</Label>
    <GroupBox Header="Element 3">
      With some content it's funnier
    </GroupBox>
</ListBox>
```

```
<ComboBox>

    <Label>Element 1</Label>

    <Label>Element 2</Label>

    <GroupBox Header="Element 3">

      With some content it's funnier

    </GroupBox>

</ComboBox>
```

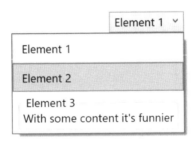

TabControl은 헤더(항상 표시됨)와 내용을 가질 수 있다는 점을 제외하고는 대부분 ComboBox와 동일하다. 하위 컨트롤로 TabItem 요소를 사용해 구체화된다.

3.15 연습문제: 토론 페이지 생성

Discussion.xaml이라는 새 페이지를 애플리케이션에 추가하고 사용자가 메뉴 페이지의 채팅 버튼을 클릭할 때 표시되는지 확인한다.

나중에 클라이언트 지원과 사용자 간에 교환되는 메시지를 표시할 ListBox 컨트롤을 추가한다. 나중에 사용자가 메시지를 입력하고 보낼 수 있게 TextBox 및 Button 컨트롤을 추가한다.

페이지는 다음과 같은 모양이다.

페이지 크기 조절이 가능한지 확인한다. 크기가 조절되면 ListBox 컨트롤이 늘어나야(가로 및 세로)하고 Button 컨트롤이 오른쪽에 있어야 하며, TextBox 컨트롤의 너비가 늘어나야 한다.

다음은 페이지가 크기 조절되는 방법을 보여준다.

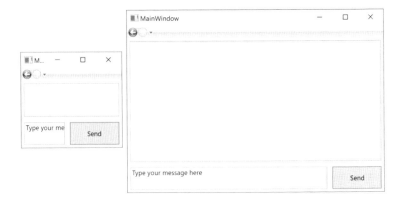

3.16 연습문제 풀이

1. 비주얼 스튜디오로 전환해 '3.12 연습문제 풀이'에서 작성한 'BikeShop' 프로젝트를 연다.

2. 보기 ❯ 솔루션 탐색기 메뉴 항목을 클릭해 솔루션 탐색기를 연다.

3. 솔루션 탐색기의 프로젝트(솔루션이 아님)에서 마우스 오른쪽
클릭하고 컨텍스트 메뉴에서 추가 ❯ 페이지를 선택한다.

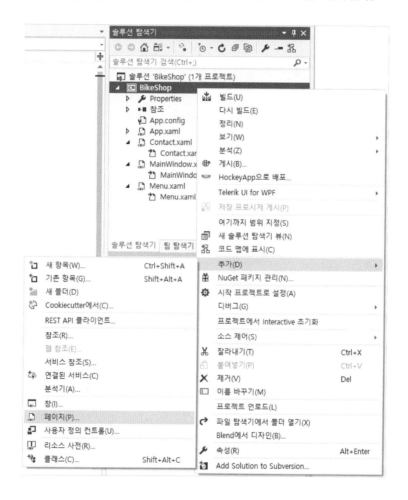

4. 새 항목 추가 대화상자에서 하단의 이름 영역을 찾아 'Discussion'
   을 입력한다. 추가 버튼을 클릭한다.

5. 솔루션 탐색기에서 Menu.xaml 파일을 더블 클릭한다.

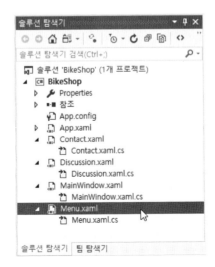

6. Live support 표시 버튼을 더블 클릭한다.

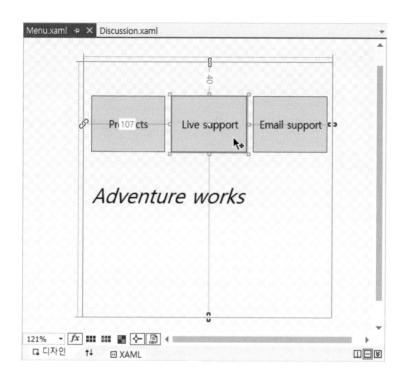

7. 더블 클릭으로 XAML에 `Click` 특성이 추가되고 코드 비하인 드에 이벤트 처리기가 추가되면서 코드 비하인드가 열린다.

```
Menu.xaml.cs* ⇥ ✕   Menu.xaml*        Discussion.xaml
C# BikeShop                    ▾  ⚙ BikeShop.Menu              ▾  ⚙ Button_Click_1(object sender, Rou ▾
    1    using System;
    2    using System.Windows;
    3    using System.Windows.Controls;
    4
    5    namespace BikeShop
    6    {
    7        /// <summary>
    8        /// Menu.xaml에 대한 상호 작용 논리
    9        /// </summary>
         참조 0개
   10        public partial class Menu : Page
   11        {
         참조 0개
   12            public Menu()
   13            {
   14                InitializeComponent();
   15            }
   16
         참조 1개
   17            private void Button_Click(object sender, RoutedEventArgs e)
   18            {
   19                NavigationService.Navigate(
   20
   21                    new Uri("/Contact.xaml", UriKind.Relative)
   22
   23                );
   24            }
   25
         참조 0개
   26            private void Button_Click_1(object sender, RoutedEventArgs e)
   27            {
   28
   29            }
   30        }
   31    }
   32
100 %   ▾  ◀
```

8. 생성된 이벤트 처리기에 다음 코드를 추가한다.

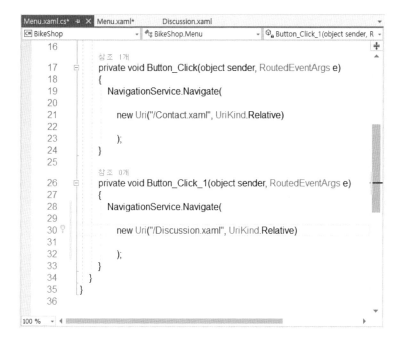

9. 솔루션 탐색기에서 Discussion.xaml 파일을 더블 클릭한다.
페이지에 다음 XAML 코드를 추가한다.

10. 애플리케이션을 실행한다(디버그 ▶ 디버깅 시작 메뉴 항목 클릭).

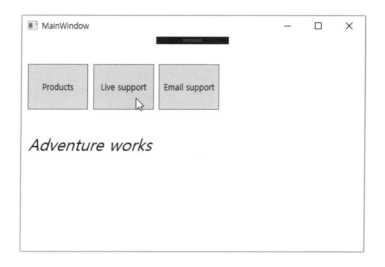

11. Live support 표시 버튼을 클릭한다. Discussion 페이지가
표시되고 예상대로 크기 조절이 되는지 확인한다.

12. 애플리케이션을 닫는다.

4장

WPF 애플리케이션에서 데이터 관리

4.1 데이터 바인딩

오늘날 생성된 거의 모든 애플리케이션이 데이터 중심이다. 즉, 일부 데이터 저장소(데이터베이스, 파일 시스템, 클라우드 등)에서 데이터를 가져와 사용자에게 표시하고, 사용자가 변경하게 허용하고, 업데이트된 데이터를 데이터 저장소로 보낸다. 특정 시점에서 메모리에 데이터가 있고 사용자 인터페이스가 동기화돼야 한다.

이제 코드 묶음을 작성하거나 게으름을 피우는 두 가지 방법이 있다. WPF는 두 번째 방법을 사용해 게으름을 피울 수 있게 해준다. 이는 UI를 데이터와 동기화된 상태로 유지하는 아주 적은 양의 코드를 작성한다는 의미다. 이렇게 하면 애플리케이션 작성 속도도 빠르고 애플리케이션을 유지 보수할 때 드는 작업량도 훨씬 적다.

데이터 중심의 애플리케이션을 살펴보면 데이터를 표시하는 컨트롤이 있다. 즉, 컨트롤의 속성에 변수를 할당할 수 있다. 사용자가 컨트롤과 상호작용해 속성이 변경되고 이벤트를 처리해 원래 변수에 수정된 데이터를 쓰게 된다. WPF를 사용하면 모든 코드를 작성할 필요 없고 데이터 바인딩을 사용하는 대신 XAML 문자 몇 개만 작성하면 된다.

자동차의 속도를 표시한다고 가정해보자. 다음은 WPF가 속도 표시를 수행하는 방법을 보여준다.

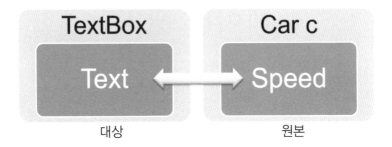

Text 속성은 데이터 객체의 Speed 속성 값에 실제로 연결돼 Speed 속성이 TextBox 컨트롤의 Text 속성에 초기 할당되고 나면 Text 속성의 모든 변경(예를 들어 일부 값은 사용자가 입력)이 데이터 객체의 Speed 속성에 할당될 것이다.

해당 모두를 위해 하나의 XAML 라인만 작성하면 된다.

```
<TextBox Text="{Binding Speed, ElementName=c}" />
```

쉽지 않은가? 이미 <TextBox Text="..." /> 구문에 대해서는 알고 있으므로 Text 속성을 Speed 속성에 연결하는 데이터 바인딩 구문만 이해하면 된다.

실제로 매우 간단하다. Binding 키워드 다음에 연결할 데이터 객체 속성의 이름을 쓰면 데이터 객체의 위치를 지정할 수 있다. 여기서는 ElementName 구문을 사용해 데이터 객체가 명명된 요소임을 나타낸다.

데이터 바인딩을 정의하는 가장 간단한 방법은 다음과 같다.

```
<TextBox Text="{Binding Speed}" />
```

위 경우 원본 데이터 객체는 현재 데이터 컨텍스트에서 검색된다 ('4.2 DataContext' 절 참고). 위 코드는 코드 생성기에서 일반적으로 사용되기 때문에 다음과 같은 명시적 구문과 동일하다.

```
<TextBox Text="{Binding Path=Speed}" />
```

Path= 구문을 생략할 경우 위의 예와 같이 path 속성이 처음으로 표시돼야 한다.

바인딩 구문 내에서 사용할 수 있는 수많은 다른 속성이 있다. 첫 번째 예제에서는 원본 데이터 객체가 x:Name 속성을 가진 또 다른 컨트롤인 상태를 나타내는 ElementName 속성을 사용하고 있다는 것을 알 수 있다. ElementName 속성은 예를 들어 체크박스의 체크 상태에 따라 신속하게 패널을 표시하거나 숨길 때 유용하다.

자주 접하게 되는 또 다른 속성은 다음과 같이 원본 데이터 객체가 리소스로 정의돼 있음을 명시하는 속성이다.

```
<TextBox Text="{Binding Source={StaticResource someList},
```

```
Path=Height}" />
```

앞의 이상한 예제를 사용하면 someList 컨트롤의 높이가 TextBox 컨트롤의
실제 높이로 표시되고, TextBox 컨트롤에 새 값을 입력하면 someList 컨트롤
의 높이가 변경된다. 강력한 구문 아닌가?

데이터 바인딩에 대해 언급할 몇 가지가 더 있으니 함께 살펴보자.

바인딩 예제

다음 예제를 살펴보자.

```
<StackPanel>
    <Slider Maximum="100"
            Value="10"
            x:Name="slider" />
    <ProgressBar
        Value="{Binding Value, ElementName=slider}" />
    <TextBox
        Text="{Binding Value, ElementName=slider}" />
</StackPanel>
```

위 예제의 결과는 모든 컨트롤이 연결된 화면이 나타난다. 슬라이
더를 움직이면 ProgressBar와 TextBox가 업데이트돼 새 값이 반영
된다. TextBox에 값을 입력하면 다른 컨트롤들이 업데이트된다.
TextBox에 텍스트를 입력하면 포커스focus를 잃을 때 입력한 값이 숫

자로 변환될 수 없음을 표시하기 위해 테두리가 빨간색으로 변한다. 100보다 큰 값을 입력하면 100으로 다시 설정된다.

몇 줄의 XAML만을 사용해 마술처럼 수행된다. 코드 비하인드(WPF 나 Windows Form 또는 다른 UI 기술)에서 작성한다면 동일한 동작(문자열 을 double로 변환, 오류 처리 및 보고, 세 컨트롤 모두 동기화)을 구현하기 위해 얼마나 많은 C# 줄이 필요한지 생각해보자. 몇 줄이 필요한가? 30줄? 또 다른 이점은 해당 XAML을 아무 화면에나 복사해 붙여 넣으면 여전히 동작한다는 것이고, 반면 코드 비하인드를 사용하면 컨트롤 및 C# 코드를 함께 복사해야 할 것이다.

이제 다른 예제를 살펴보자.

```
<Window
    Background="{Binding Text, ElementName=color}">
    <TextBox Text="Yellow"
            x:Name="color" />
</Window>
```

짐작 가능하듯이 창 배경이 노란색으로 나타나고 TextBox에 유효한 색상 값을 입력할 수 있다. WPF 바인딩 시스템은 Text 속성의 문자열 값을 Brush 인스턴스(Background 속성 형식)로 자동 변환한다. 와우! 이제 데이터 중심 애플리케이션을 위해 해당 바인딩과 같은 생산성을 사용해 얼마나 많은 시간을 절약할 수 있는지 잠시 생각해보자.

바인딩 모드

기본적으로 데이터 바인딩 모드는 바인딩할 컨트롤 속성에 따라 다르다. 사용자 입력을 허용하는 컨트롤의 경우 TwoWay가 될 것이고, 다른 컨트롤의 경우 OneWay가 될 것이다. 가능한 값은 다음과 같다.

모드	업데이트 시	
	대상 변경	값 변경
TwoWay	Yes	Yes
OneWay	No	Yes
OneWayToSource	Yes	No
OneTime	No	No

> OneWayToSource 및 OneTime은 거의 사용되지 않는다.

기본 바인딩 옵션이 사용자에게 적합하지 않은 경우 데이터 바인딩 Mode 속성을 사용해 바인딩 옵션을 재정의할 수 있다.

```
{Binding Path=Speed, Mode=TwoWay}
```

추가 속성

Path와 Mode 이외의 여러 속성을 바인딩 표현식 내부에 사용할 수 있다. 나중에 살펴볼 Converter는 첫 번째 프로젝트에 가장 필요한 것이 틀림없다.

나중에 사용하고 싶을 수도 있는 몇 가지 속성의 정보는 다음과 같다.

- **UpdateSourceTrigger**: 입력 컨트롤을 사용해 소스 속성이 업데이트되는 시기를 지정할 수 있다. 예를 들어 `TextBox` 컨트롤에서 `UpdateSourceTrigger = PropertyChanged`를 설정하면 포커스를 잃어버릴 때뿐만 아니라 모든 변경 사항 발생 시 원본 속성을 업데이트할 수 있다.

- **TargetNullValue**: `null`로 해석될 때마다 원본 특성 값 대신 사용해야 하는 값을 지정한다.

- **FallbackValue**: 문제가 발생할 때마다(예를 들어 원본 속성에서 예외가 발생할 때) 사용해야 하는 값을 지정한다.

- **StringFormat**: 대상 컨트롤에 제공하기 전에 원본 속성의 값에 양식을 적용한다. 변환기는 해당 기능과 그 이상(읽기)이 가능하다.

바인딩 오류

WPF 애플리케이션에서 데이터 바인딩은 매우 간결한 구문 덕분에 개발 및 유지 보수의 실시간 보호기 역할을 한다. 그러나 오류를 너무 빨리 지나치는 경우가 있으니 주의해야 한다.

바인딩 오류는 런타임에 처리되지 않은 예외(unhandled exception)로 나타나므로 놓치기 쉽다. 때로는 `null`이나 잘못된 값을 오류로 감지하지 않고 그냥 무시하는데, 해당 사항을 오류로 인식하지 않도록 하는 것이 애플리케이션의 요구 사항일 수 있다. 그러나 다른 오류로 인해 애플리케이션이 조용하게 오작동될 수 있다. 예를 들어 Path 속성이나 호환되지 않는 유형의 오류가 있다(예로는 int 속성에 바인딩된 객체 값).

기본적으로 언급한 오류를 확인하고 싶다면 다음을 수행해보자.

- 애플리케이션을 디버그 모드로 실행한다.
- 수동으로 화면을 이동한다.
- 비주얼 스튜디오의 디버그 출력 창에서 System.Data Error로 시작하는 줄을 살펴보자.

오류 행은 문제 해결에 필요한 바인딩 오류에 대한 모든 정보를 보고한다.

4.2 DataContext

데이터 중심 애플리케이션의 화면에서 시각적으로 그룹화된 대부분의 컨트롤은 동일한 데이터 객체의 데이터를 사용한다. 바인딩에 대해 작성한 XAML을 단순화하기 위한 방법은 무엇인가?

DRY[1]는 좋은 코딩 습관이며, 이런 습관은 DataContext와 관련이 있다.

바인딩(ElementName, Source 등을 사용)에 소스 데이터 객체를 지정하지 않으면 소스가 현재 데이터 컨텍스트로 간주된다. 내부 동작을 설명하기 전에 예제를 살펴보자.

---

1. DRY(Don't Repeat Yourself)는 반복적인 것을 하지 않는다는 의미

```
<StackPanel DataContext="...">
    <TextBox Text="{Binding Name}" />
    <Label Content="{Binding SSN}" />
</StackPanel>
```

위 예제에서 DataContext="..." 부분은 생략하고 다음과 같이 코드 비하인드에서 할당할 수도 있다.

```
this.DataContext = ... ;
```

실제로 모든 컨트롤은 object 유형의 DataContext 속성을 갖는다. 즉, 모든 객체 유형을 DataContext에 할당 가능하다. 바인딩 식에 소스에 대한 언급이 없으면 소스는 컨트롤의 DataContext 속성으로 간주된다. 중요한 점은 DataContext가 할당되지 않으면(null 기본값), 부모 컨트롤의 DataContext가 사용된다는 것이다(DataContext도 누락된 경우 등).

> DataContext는 XAML 개발자가 충분히 사용하지 못하는 훌륭한 XAML 시간 절약기 중 하나다. 사용법을 익힌다면 좋아하게 될 것이다.

4.3 변환기

XAML 엔진은 데이터 바인딩 시 객체 유형을 변환하는 훌륭한 작업을 수행한다. 앞 예제에서 문자열을 double 또는 심지어 브러시로 변환했던 것을 기억하는가? 변환 시스템은 변환기^{Converters}를 사용해 확장할 수 있다.

변환기는 IValueConverter 인터페이스를 상속해 작성하는 단순한 클래스다. 해당 인터페이스를 사용하려면 두 가지 메소드 작성이 필요하다. Convert는 '표준' 메소드고, ConvertBack은 양방향 데이터 바인딩에서만 사용된다. 일단 변환기가 있으면 변환기를 인스턴스화한 다음 데이터 바인딩 표현식에 인스턴스를 참조하면 된다.

표시될 때 값을 두 배로 변환해야 하는 double 값이 있다고 가정해보자. 다음은 수행 방법이다. 먼저 클래스를 생성한다.

```
namespace Maths {
    public class TwiceConverter : IValueConverter {
      public object Convert(object value,
        Type targetType, object parameter,
        CultureInfo culture)
      {
        return ((int)value)*2;
      }
      // 빈 ConvertBack 메소드가 여기에 들어가게 된다.
    }
}
```

그런 다음 해당 클래스를 인스턴스화하고 바인딩 식에서 사용한다.

```
<Page xmlns:c="clr-namespace:Maths">

    <Page.Resources>

      <c:TwiceConverter x:Key="twiceConv" />

    </Page.Resources>

    <TextBlock Value="{Binding Speed, Converter={Static\
Resource twiceConv}} />

</Page>
```

나중에 페이지나 애플리케이션 수준에서 객체를 공유하는 방법인 리소스resources에 대해 알아보겠지만, 지금은 변환기 클래스를 인스턴스화하는 방법으로 진행한다.

색상으로 변환될 double 값이 있다고 가정해보자. 빨간색은 10 이상, 주황색은 4~10, 녹색은 4 이하다. 간단하게 변환기를 작성해보자. 실제로 매번 "데이터 바인딩을 사용해 어떻게 구성할 수 있을까?"라고 궁금해 하겠지만 답은 변환기일 것이다. 거의 매번 그렇다.

4.4 목록 컨트롤을 사용하는 컬렉션 표시

한 번에 하나의 속성만 바인딩하는 데이터를 보았지만 종종 사용자가 데이터의 컬렉션을 확인하고 업데이트할 수 있게 해야 한다.

더 좋은 소식이 있다. 데이터 컬렉션 역시 쉽고 단순하다는 것이다. 사실 모든 목록 컨트롤에는 IEnumerable[2]로 형식화된 ItemsSource 속성이 있다. 해당 속성에 컬렉션을 지정하면 목록 컨트롤에 모든 컬렉션 요소가 표시된다. 정말 간단하다.

---

2. IEnumerable 인터페이스는 닷넷에서 배열, 스택, 리스트 등 모든 컬렉션에 의해 구현된다.

실제로 살펴보자. 앞에서 선언했던 Car 클래스를 기억하는가? 자동차의 컬렉션을 생성해보자.

코드 비하인드

```
var cars = new List<Car>();
for (int i = 0; i < 10; i++)
{
    cars.Add(new Car() {
      Speed = i * 10
    });
}
this.DataContext = cars;
```

이제 위 컬렉션을 표시하는 ListBox 컨트롤을 선언한다. 다음과 같이 모든 자동차를 표시하기 위해 아주 적은 수의 글자가 필요하다.

XAML

```
<ListBox ItemsSource="{Binding}" />
```

결과는 다음과 같다.

```
BusinessLogic.Car
BusinessLogic.Car
BusinessLogic.Car
BusinessLogic.Car
BusinessLogic.Car
BusinessLogic.Car
BusinessLogic.Car
BusinessLogic.Car
BusinessLogic.Car
BusinessLogic.Car
```

C# 코드를 사용해서 ItemsSource 속성에 할당할 수 있지만 DataContext를 사용하면 얼마나 더 간단하게 만들 수 있는지 보여주는 좋은 방법이다. 자동차 컬렉션이 현재 DataContext에 할당돼 있으므로 경로 없이 ItemsSource 속성에 바인딩하거나 소스를 그냥 자동차 컬렉션에 연결하면 된다.

물론 ListBox 컨트롤에 자동차 정보가 표시되지 않고 클래스 이름 목록만 표시된다는 것을 알 수 있다. 이유가 무엇일까? 이제 변경하는 방법을 알아보자.

4.5 목록 컨트롤 사용자 정의

이전 예제에서 ListBox 컨트롤은 'BusinessLogic.Car' 문자열 목록을 표시한다. 이유는 WPF가 각 Car 클래스의 인스턴스를 표시하는 방법을 모르므로 각 인스턴스의 ToString 메소드를 호출하기 때문이다. ToString 메소드를 재정의하지 않았으므로 차례대로 클래스 이름을 반환한다.

ListBox 컨트롤은 표시할 자동차 속성을 제공하는 Display
MemberPath 속성을 갖는다. 그러나 하나의 속성만을 텍스트로 표시
하고 다른 목록 컨트롤에는 동작하지 않으므로 너무 제한적이다. 더
좋은 방법으로 구현할 수 있다.

모든 목록 컨트롤에는 항목을 표시하는 방법을 사용자 정의할 수
있는 다음과 같은 속성이 있다.

- ItemsPanel은 요소를 배치하는 방법을 설명한다.
- ItemTemplate은 각 요소에 대해 반복이 필요한 템플릿을 제
  공한다.
- ItemContainerStyle은 항목을 선택하거나 마우스를 올릴
  때의 동작 방법을 설명한다(선택 가능한 컨트롤에만 제공되는 속성).
- Template은 컨트롤 자체를 렌더링하는 방법을 설명한다(나
  중에 자세히 설명한다).

ItemTemplate 속성은 각 목록 항목에 대해 반복되는 Data
Template이어야 한다. DataTemplate 내부 요소는 데이터 바인딩
식을 사용해 해당 속성을 기본 항목 속성에 연결할 수 있다. 실제로
DataTemplate의 DataContext는 표시되는 항목이다.

그러므로 다음은 모든 자동차의 속도를 표시하는 방법이다.

```
<ListBox ItemsSource="{Binding}">

  <ListBox.ItemTemplate>

    <DataTemplate>

      <TextBlock Text="{Binding Speed}" />

    </DataTemplate>
```

```
    </ListBox.ItemTemplate>
</ListBox>
```

이 코드는 아주 간단한 예제다. 예측 가능한가? 목록 컨트롤은 텍스트뿐만 아니라 거의 모든 것을 표시할 수 있다. 각 자동차에 대한 완전한 입력 인터페이스를 얻는 방법은 무엇인가? 다음과 같이 쉽다.

```
<ListBox ItemsSource="{Binding}">
    <ListBox.ItemTemplate>
        <DataTemplate>
            <StackPanel>
                <TextBlock Text="Speed" />
                <TextBox Text="{Binding Speed}" />
                <Slider Value="{Binding Speed}"
                    Maximum="100" />
                <TextBlock Text="Color" />
                <Border Height="10">
                    <Border.Background>
                        <SolidColorBrush
                            Color="{Binding Color}" />
                    </Border.Background>
                </Border>
                <TextBox Text="{Binding Color}" />
            </StackPanel>
        </DataTemplate>
    </ListBox.ItemTemplate>
</ListBox>
```

위의 두 예제에 대한 결과는 다음과 같다.

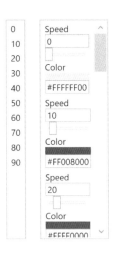

감을 못 잡은 경우를 대비해 다음은 예상한 결과에 따라 목록 컨트롤에서 사용할 수 있는 속성 요약을 보여준다.

4.6 연습문제: 데이터 객체의 메시지 표시

 StartAssets 폴더에 Talk.cs 파일이 존재한다. Talk.cs 파일을 프로젝트에 추가한다.

Talk.cs 파일은 메시지의 컬렉션인 `Talk` 클래스를 정의한다. 인스턴스화되면 몇 개의 샘플 메시지가 자동으로 채워지고 즉시 사용할 수 있다.

`Talk` 인스턴스에 포함된 모든 메시지가 앞서 만든 Discussion.xaml 페이지에 표시되는지 확인한다.

이 시점에서 Discussion.xaml 페이지는 다음과 같아야 한다.

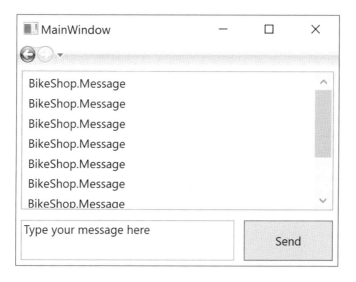

 페이지가 다음과 같이 보이게 `ListBox` 컨트롤에 템플릿을 제공한다.

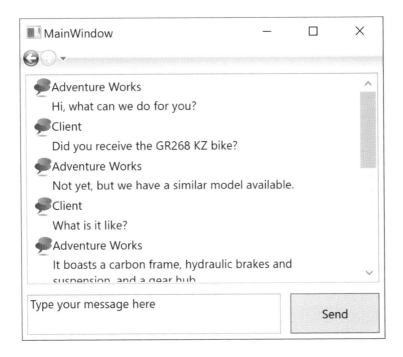

4.7 연습문제 풀이

1. 브라우저에서 https://bitbucket.org/epobb/learnwpfexercises
   주소를 입력하고 연습문제 풀이에 사용될 파일을 다운로드
   한다.

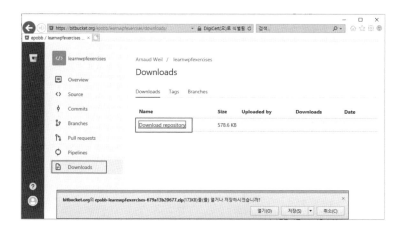

2. 다운로드한 zip 파일을 압축 해제하고 StartAssets 폴더 안의 내용을 확인한다.

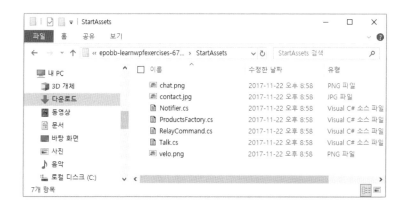

3. 비주얼 스튜디오로 전환해 '3.16 연습문제 풀이'에서 작성한 'BikeShop' 프로젝트를 연다.

4. 보기 > 솔루션 탐색기 메뉴 항목을 클릭해 솔루션 탐색기를 연다.

5. 솔루션 탐색기에서 프로젝트(솔루션이 아님)를 마우스 오른쪽 클릭하고 컨텍스트 메뉴에서 추가 ❯ 기존 항목...을 선택한다.

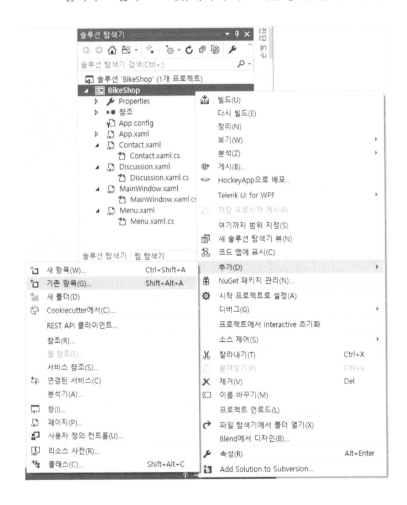

6. 기존 항목 추가 대화상자에서 StartAssets 폴더로 이동해 파일
   형식을 모든 파일(*.*)로 변경한 다음 chat.png 및 Talk.cs 파
   일을 선택한다(복수 파일 선택 시 Ctrl 키 + 마우스 왼쪽 버튼을 클릭한
   다). 추가 버튼을 클릭한다.

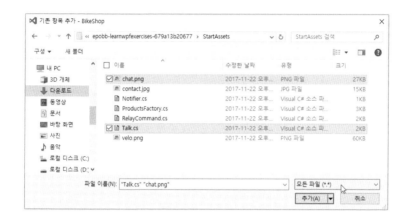

7. chat.png 및 Talk.cs 파일이 솔루션 탐색기에 추가된 것을 확
   인할 수 있다.

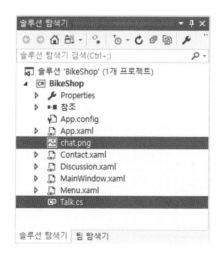

8. 솔루션 탐색기에서 chat.png 파일을 선택하고 마우스를 올려 이미지 모양을 미리 보기 할 수 있다.

9. Talk.cs 파일을 더블 클릭하고 내용을 확인해보면 하단에 Sender, Content 속성을 가진 Message 클래스가 존재하고, 상단의 Talk()라는 클래스 생성자에 Message 클래스를 사용해 Sender에 보낸 사람 이름과 Content에 메시지 내용을 여러 건 대입해 초기화돼 있는 데이터 파일이라는 것을 알수 있다.

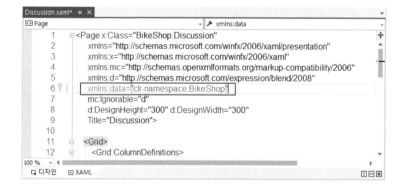

```
Talk.cs  ⇄ ×  Discussion.xaml*
⟦C⟧ BikeShop                          ▼  ⁂ BikeShop.Talk                    ▼  ⊙ Talk()                                ▼
   13      ⊟namespace BikeShop                                                                                     ✛
   14       {                                                                                                      ▲
             참조 1개
   15       ⊟  public class Talk : ObservableCollection<Message>
   16          {
             참조 0개
   17       ⊟    public Talk()
   18          {
   19            this.Add(new Message() { Sender = "Adventure Works", Content = "Hi, what can we do for you?"
   20            this.Add(new Message() { Sender = "Client", Content = "Did you receive the GR268 KZ bike?" });
   21            this.Add(new Message() { Sender = "Adventure Works", Content = "Not yet, but we have a similar
   22            this.Add(new Message() { Sender = "Client", Content = "What is it like?" });
   23            this.Add(new Message() { Sender = "Adventure Works", Content = "It boasts a carbon frame, hyd
   24            this.Add(new Message() { Sender = "Client", Content = "How much does it cost?" });
   25            this.Add(new Message() { Sender = "Adventure Works", Content = "Same as the GR268 KZ moc
   26            this.Add(new Message() { Sender = "Client", Content = "Thanks." });
   27            this.Add(new Message() { Sender = "Adventure Works", Content = "Thank you, have a nice ride."
   28          }
   29       }
   30
             참조 10개
   31       ⊟  public class Message
   32          {
             참조 9개
   33            public string Sender { get; set; }
             참조 9개
   34            public string Content { get; set; }
   35          }
   36       }
   37                                                                                                               ▼
100 %  ▼ ◀ ▥▥▥▥▥▥▥▥▥▥▥▥▥▥▥▥                                                               ▶
```

10. 솔루션 탐색기에서 Discussion.xaml 파일을 더블 클릭한다. XAML에서 Page 요소 위치에 다음 특성을 추가한다(BikeShop 에 대한 네임스페이스가 이미 참조돼 있으면 data로 변경한다).

```
Discussion.xaml*  ⇄ ×
⟦▶⟧ Page                          ▼  ⚡ xmlns:data                           ▼
    1      ⊟<Page x:Class="BikeShop.Discussion"                                                                    ✛
    2           xmlns="http://schemas.microsoft.com/winfx/2006/xaml/presentation"                                  ▲
    3           xmlns:x="http://schemas.microsoft.com/winfx/2006/xaml"
    4           xmlns:mc="http://schemas.openxmlformats.org/markup-compatibility/2006"
    5           xmlns:d="http://schemas.microsoft.com/expression/blend/2008"
    6  ⏻       xmlns:data="clr-namespace:BikeShop"
    7           mc:Ignorable="d"
    8           d:DesignHeight="300" d:DesignWidth="300"
    9           Title="Discussion">
   10
   11      ⊟  <Grid>
   12      ⊟     <Grid.ColumnDefinitions>                                                                           ▼
100 %  ▼ ◀                                                                                      ▶
⌨ 디자인    ⊞ XAML                                                                        ▯▤▣
```

11. Grid 요소에 포함된 ListBox 요소 선언을 찾아서 ListBox
를 다음 코드로 대체한다(Talk.cs 파일을 포함해 빌드를 하기 전에
는 구문 오류 밑줄이 생길 수 있다).

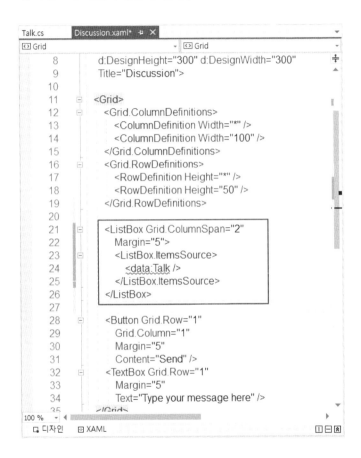

12. 애플리케이션을 실행한다(디버그 ➤ 디버깅 시작 메뉴 항목 클릭).

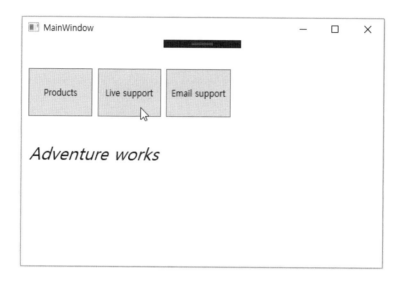

13. Live support 표시 버튼을 클릭한다. Discussion 페이지에
서식이 지정되지 않은 항목 목록이 표시되는지 확인한다.

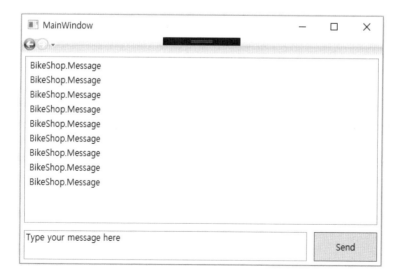

14. 애플리케이션을 닫는다.

15. 방금 작성한 ListBox 선언을 ItemTemplate 속성을 포함하는 다음 구문으로 대체한다.

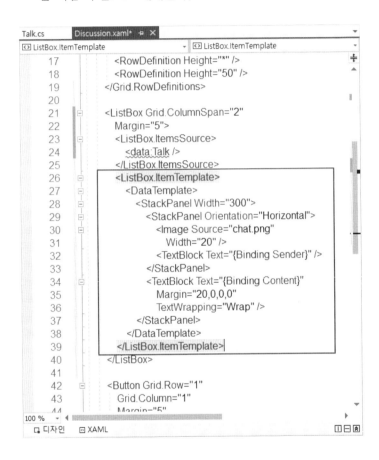

16. 애플리케이션을 다시 실행하고 목록이 예상대로 표시되는지 확인한다.

17. 애플리케이션을 닫는다.

4.8 INotifyPropertyChanged

WPF 엔진이 개발자의 마음을 읽을 수 있다면 데이터 바인딩의 세계에서 참 좋을 것이다. 하지만 불행히도 그렇지 못하다. 따라서 더 많은 작업이 필요한 경우가 있다.

컨트롤을 통해 사용자가 속성을 업데이트하면 동일한 속성에 바인딩된 다른 컨트롤이 작성된 코드가 전혀 없어도 업데이트된다. 그러나 코드 자체(예를 들어 이벤트에 대한 응답 또는 웹 서비스에서 오는 데이터)로 인해 속성이 변경되면 해당 속성에 바인딩된 컨트롤이 업데이트되지 않는다.

이런 종류의 시나리오가 작동하려면 속성이 변경되기 시작할 때 이벤트를 발생시켜야 한다. 그리고 좋은 소식은 이벤트 발생을 쉽게 수행할 수 있을 뿐 아니라 생성된 클래스(엔티티 프레임워크, 웹 서비스 및 WCF 클라이언트 프록시) 대부분이 해당 이벤트를 발생시킨다. 속성 변경 이벤트는 INotifyPropertyChanged 인터페이스에 설명돼 있으며, 이는 데이터 객체가 사실상 INotifyPropertyChanged 인터페이스를 구현해야 한다는 의미다.

모든 데이터 객체에 속성 변경 이벤트가 필요하므로 모든 프로젝트에 다음 클래스를 추가하고 데이터 객체를 상속하는 것이 좋다.

```
using System.ComponentModel;

public class Notifier : INotifyPropertyChanged
{
    public event PropertyChangedEventHandler
      PropertyChanged;
```

```
protected void OnPropertyChanged(
  string propertyName)
{
  if(PropertyChanged!=null)
  {
    PropertyChanged(this,
      new PropertyChangedEventArgs(propertyName));
  }
}
}
```

보는 바와 같이 복잡하지 않다. INotifyPropertyChanged 클래스를 구현하듯이 대부분의 코드는 쉽게 가져올 수 있다. 어쨌든 아직이해하지 못해도 그냥 사용할 수 있다.

> 대부분의 MVVM 프레임워크는 해당 클래스와 같은 기능을 제공하고 몇 가지
> 똑똑한 방법으로 이벤트를 발생시키는 도우미까지도 제공한다. 하지만 지금은
> MVVM 패턴에 대해 이야기하지 않는다.

Notifier 클래스를 만들고 속성의 세터^{setter}에서 OnProperty
Changed 메소드를 호출해야 한다.

자동차 클래스를 기억하는가? 자동차 클래스는 다음과 같이 작성됐다.

```
public class Car
{
  public double Speed { get; set; }
```

```
    public Color Color { get; set; }
    public Human Driver { get; set; }
}
```

Speed 속성이 코드에 의해 업데이트될 때 인터페이스가 업데이트
되게 하려면 다음과 같이 다시 작성해야 한다.

```
public class Car : Notifier
{
    private double speed;

    public double Speed
    {
      get { return speed; }
      set
      {
        speed = value;
        OnPropertyChanged("Speed");
      }
    }

    // 자동차의 다른 속성
}
```

4.9 INotifyCollectionChanged

데이터 객체가 WPF 컨트롤에 속성 변경 내용을 알릴 수 있게 하는 INotifyPropertyChanged 인터페이스에 대해 살펴봤다. 이 인터페이스는 데이터 바인딩된 UI가 자동으로 업데이트되는 동안 데이터 객체를 업데이트하는 데 중점을 둔 깨끗한 코드를 작성할 수 있게 한다.

이제 한 단계 더 나갈 수 있다. 컬렉션의 내용이 변경되면 세분화된 알림을 생성할 수 있다. 연습문제에서 작성한 애플리케이션으로 돌아가서 INotifyPropertyChanged 인터페이스만 사용하면 사용자가 메시지를 보내거나 받을 때 모든 목록의 내용을 제거하고 다시 추가해야 한다. 추가된 메시지는 끝에 있고 ListBox 컨트롤의 현재 스크롤로 인해 보이지 않는 경우 특히 시간이 많이 소모된다. 좀 더 적절한 인터페이스인 INotifyCollectionChanged를 사용하면 더 잘 만들 수 있다.

INotifyCollectionChanged 인터페이스를 사용하면 컬렉션에서 추가, 제거 및 변경을 알릴 수 있다. WPF 목록 컨트롤은 해당 인터페이스를 검색하고 고려해 사용자 인터페이스를 세부적으로 업데이트한다.

그리고 직접 인터페이스를 구현할 필요조차 없다는 좋은 소식이 있다. WPF는 INotifyCollectionChanged 인터페이스인 ObservableCollection<T>를 구현한다는 점을 제외하고 List<T>와 같은 클래스를 제공한다.

실제로 List<T> 대신 ObservableCollection<T>를 사용하면 세밀한 UI 업데이트를 얻을 수 있다.

4.10 연습문제: 제품 및 세부 정보 표시

StartAssets 폴더에는 Notifier.cs 및 ProductsFactory.cs 파일이 있다. 파일들을 프로젝트에 추가한다.

Notifier.cs에는 '4.8 INotifyPropertyChanged' 절에서 본 속성 변경 알림 코드가 들어 있다.

ProductsFactory.cs 파일은 Product 클래스 및 ProductsFactory 클래스를 정의한다. Products Factory는 필터링되거나 되지 않은 임의의 제품 목록을 반환하는 메소드를 제공한다. 메소드를 살펴보자.

모든 제품을 나열하고 다음과 같은 ProductsMa-nagement.xaml 페이지를 생성한다.

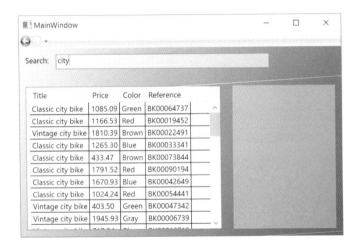

메뉴 페이지의 **Products** 버튼을 클릭하면 사용자는 제품 관리 페이지를 볼 수 있어야 한다.

TextBox에 검색 문자열을 입력하면 문자열로 목록을 필터링해야 한다.

사용자가 제품을 선택하면 제품 세부 정보가 다음과 같이 오른쪽에 표시돼야 한다.

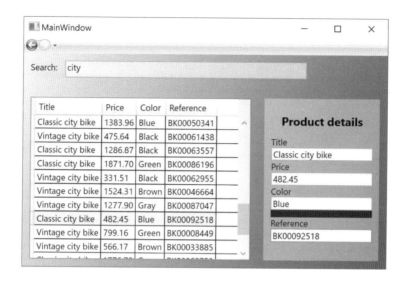

4.11 연습문제 풀이

1. 비주얼 스튜디오로 전환해 '4.7 연습문제 풀이'에서 작성한 'BikeShop' 프로젝트를 연다.

2. 보기 ▶ 솔루션 탐색기 메뉴 항목을 클릭해 솔루션 탐색기를 연다.

3. 솔루션 탐색기에서 프로젝트(솔루션이 아님)를 마우스 오른쪽 클릭해 컨텍스트 메뉴에서 추가 ▶ 기존 항목...을 선택한다.

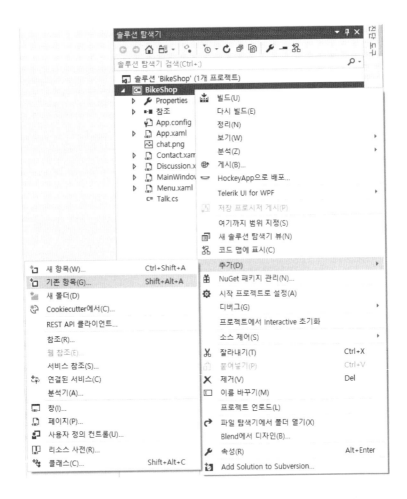

4. 기존 항목 추가 대화상자에서 StartAssets 폴더를 탐색하고 Notifier.cs 및 ProductsFactory.cs 파일을 선택한다(복수 파일 선택 시 Ctrl 키 + 마우스 왼쪽 버튼을 클릭한다). 추가 버튼을 클릭한다.

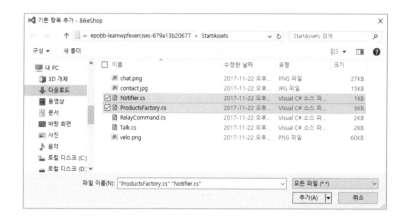

5. Notifier.cs 파일을 더블 클릭하고 내용을 확인해보면
   INotifyPropertyChanged 인터페이스를 상속받아 Notifier
   클래스 내에 OnPropertyChanged 이벤트를 구현했음을 알
   수 있다.

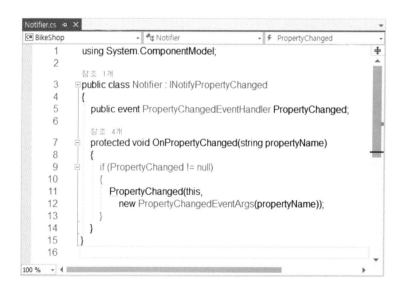

6. ProductsFactory.cs 파일을 더블 클릭하고 내용을 확인해보면 하단에 `Notifier` 클래스를 상속받은 `Product` 클래스가 있고, 클래스 내의 속성인 `Title`, `Price`, `Color`, `Reference`가 변경되면 `OnPropertyChanged`를 호출하게 된다. `In-memory data`로 표시된 접혀 있는 코드 부분은 `products`라는 제품 배열을 생성하고 0~99까지 총 100개의 제품을 `Random`을 이용해 제목과 색상 등을 임의로 자동 조합해서 생성하도록 구성돼 있다.

7. 솔루션 탐색기에서 프로젝트(솔루션이 아님)를 마우스 오른쪽 클릭해 컨텍스트 메뉴에서 추가 ❯ 페이지를 선택한다.

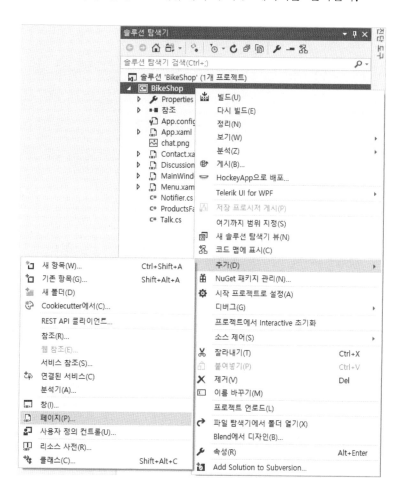

8. 새 항목 추가 대화상자에서 하단 이름 영역을 찾아서
'ProductsManagement'를 입력한다. 추가 버튼을 클릭한다.

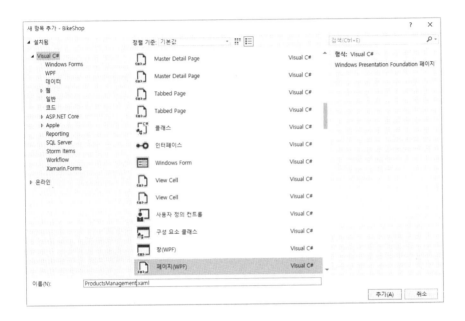

9. 도구상자 창에서 ProductsManagement 페이지로 TextBlock 및 TextBox를 상단에 추가하고, DataGrid를 가운데에 추가한 후 Border를 오른쪽에 추가한다.

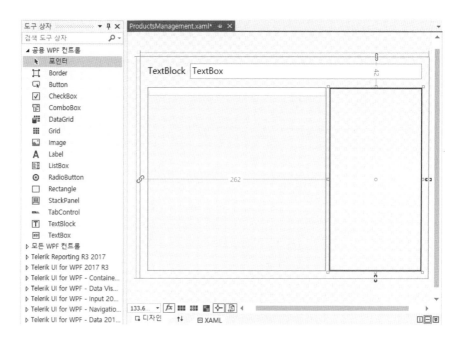

10. 다음과 같은 속성을 각 컨트롤에 할당한다.

컨트롤	속성	값
TextBlock	Text	Search
TextBox	이름 Text	textBox (empty)
DataGrid	이름	dataGrid
Border	Background	white

11. TextBox 컨트롤을 더블 클릭한다.

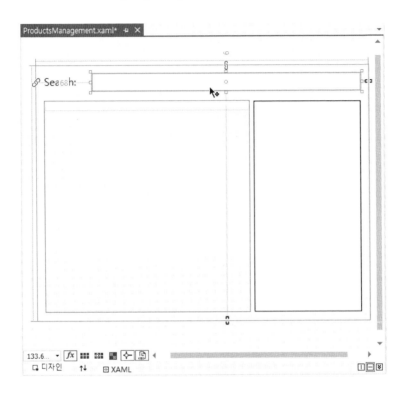

12. 그러면 `textBox_ TextChanged` 메소드가 생성된다.

```
ProductsManagement.xaml.cs*  ×  ProductsManagement.xaml*
BikeShop                          BikeShop.ProductsManagement        textBox_TextChanged(object sender,
    13      using System.Windows.Navigation;
    14      using System.Windows.Shapes;
    15
    16    namespace BikeShop
    17    {
    18        /// <summary>
    19        /// ProductsManagement.xaml에 대한 상호 작용 논리
    20        /// </summary>
           참조 2개
    21        public partial class ProductsManagement : Page
    22        {
              참조 0개
    23            public ProductsManagement()
    24            {
    25                InitializeComponent();
    26            }
    27
              참조 0개
    28            private void textBox_TextChanged(object sender, TextChangedEventArgs e)
    29            {
    30                |
    31            }
    32        }
    33    }
    34
100 %
```

13. ProductsManagement 클래스 상단과 textBox_TextChanged 메소드에 다음과 같은 코드를 각각 추가한다.

```
ProductsManagement.xaml.cs* ×   ProductsManagement.xaml*
BikeShop                    BikeShop.ProductsManagement    textBox_TextChanged(object sender,
16   namespace BikeShop
17   {
18       /// <summary>
19       /// ProductsManagement.xaml에 대한 상호 작용 논리
20       /// </summary>
         참조 2개
21       public partial class ProductsManagement : Page
22       {
23
24           ProductsFactory factory = new ProductsFactory();
25
             참조 0개
26           public ProductsManagement()
27           {
28               InitializeComponent();
29           }
30
             참조 0개
31           private void textBox_TextChanged(object sender, TextChangedEventArgs e)
32           {
33               dataGrid.ItemsSource =
34                   factory.FindProducts(textBox.Text);
35           }
36       }
37   }
100 %
```

14. Menu.xaml 파일을 열고 Products 표시 버튼을 더블 클릭한다.

15. 그러면 Click 특성이 XAML에 추가되고, 코드 비하인드에 이벤트 처리기가 추가되면서 코드 비하인드가 열린다. 생성된 이벤트 처리기에 다음과 같은 코드를 추가한다.

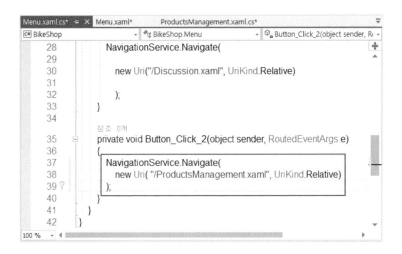

16. 애플리케이션을 실행한다(디버그 > 디버깅 시작 메뉴 항목 클릭).

17. Products 버튼을 클릭한다. TextBox 컨트롤에 검색 문자열
    을 입력하면 일치하는 제품 목록이 표시되는지 확인한다.

18. 애플리케이션을 닫는다.

19. ProductsManagement.xaml 파일을 열고 부모 창(MainWindow)
    의 크기를 참고해 페이지 크기를 조절하고 컨트롤 크기도 다
    시 조절한다.

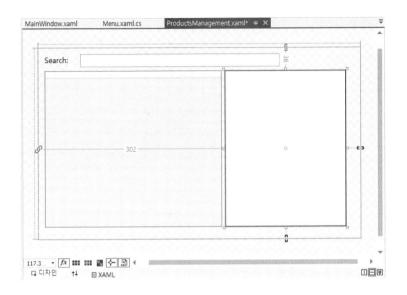

20. Border 요소를 찾아 `<Border />`라는 하나의 태그로 구성된 부분을 `<Border> </Border>`의 열고 닫는 태그로 변경을 한 다음, DataContext 특성을 Border 요소에 추가한다.

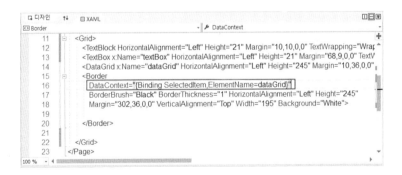

21. Border 요소 내부에 다음 코드를 추가한다.

22. 애플리케이션을 실행(디버그 ➤ 디버깅 시작 메뉴 항목 클릭)하고,
Products 버튼을 클릭한다. DataGrid 컨트롤에서 제품을 선
택하면 모든 속성이 오른쪽 패널에 표시되는지 확인한다.

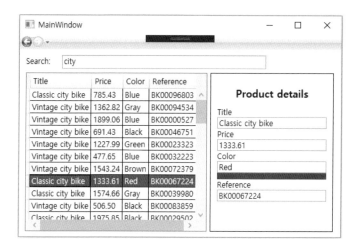

23. 오른쪽 측면 패널을 사용해 일부 제품 속성을 변경한다. 예를
들어 Title 문자열 끝에 '2'를 추가한다.

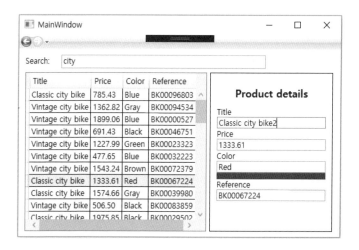

24. 포커스를 다음 컨트롤로 이동하면 DataGrid 컨트롤에 변경
    내용이 표시되는지 확인한다.

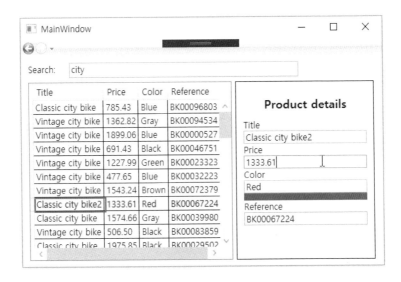

25. 애플리케이션을 닫는다.

 슈퍼 영웅이 필요하다!

이 책을 읽어줘서 고맙다는 말을 전한다. WPF 및 MVVM
을 이해하고 자신감을 얻는 데 도움이 되길 바란다.

이제 여러분은 슈퍼 영웅이다. WPF를 사용해 아름답고
잘 구조화된 데스크탑 애플리케이션을 만들고 컴퓨터
를 더 유용하게 사용할 수 있는 능력이 있기 때문이다.

상상할 수 있는가? 여러분은 구입한 사이트나 아마존
에서 이 책을 평가할 수 있는 또 다른 초능력이 있다.
아무것도 아닐지도 모르지만 이 책과 같은 자동 편집된
도서의 경우 매우 중요하다. 소중한 시간을 이 책을 평
가하는 데 할애해주면 좋겠다. 그렇게 하면 나와 같은
독립 저자들에게 많은 도움이 된다!

5장

빛나게 만들기: 모양 사용자 정의

5.1 컨트롤 모양 변경

이전에 봤듯이 WPF 컨트롤은 마음대로 변경이 가능한 기본 모양이 제공된다. 모양 변경이 얼마나 쉬운지 놀라게 될 것이고, 이는 바로 템플릿화에 관한 것이다.

템플릿

거의 모든 WPF 컨트롤은 Template 속성이 있다. 컨트롤에 새로운 모양을 제공하려면 새 ControlTemplate 인스턴스를 컨트롤 속성에 할당한다. 다음은 간단한 예제다.

```
<Button Content="Press me">
    <Button.Template>
        <ControlTemplate TargetType="{x:Type Button}">
            <Ellipse Fill="GreenYellow"
                Width="100" Height="100" />
        </ControlTemplate>
    </Button.Template>
</Button>
```

그리고 결과는 다음과 같다(원의 배경색은 연두색으로 나타난다).

매우 기본적이고 아주 끔찍한 모양이지만, Button 컨트롤은 완전한 기능을 갖추고 있으므로 사용자와 상호작용할 때 Click 이벤트나 MouseOver 이벤트가 발생한다. 더 좋은 점은 이벤트를 발생하는 표면이 더 이상 직사각형이 아니라는 것이다. 원 외부의 아무 곳이나, 심지어 매우 근접해서 클릭해도 Click 이벤트가 발생하지 않는다. 템플릿에 대해 배울 점이 하나 있다. 내용이 없는 영역은 컨트롤의 일부가 아니고 마우스 포인터를 가로채지도 않는다는 점이다.

템플릿화를 위해 방금 제공한 XAML 코드를 다시 살펴보면 실제로 많은 표준 문구가 있음을 알 수 있다. 해당 표준 문구를 제외하고는 단순하다. 실제로 다음과 같이 몇 가지 주의해야 할 점이 있다.

- 앞 컨트롤의 새로운 모양은 타원^{Ellips}이다.
- ControlTemplate 인스턴스에 TargetType 속성이 있다.

TargetType 속성은 ControlTemplate이 Button 컨트롤에 적용된다는 것을 분명히 알 수 있으므로 필요 없다고 생각될 수 있지만 필요하다. 실제로 여러 컨트롤(다시 DRY[1])에 공통적인 템플릿을 리소스로 저장해 템플릿을 정의할 수 있다. 즉, 대상 컨트롤에 대한 컨텍스트 정보 없이 정의된다. 그러므로 대상 유형을 나타내는 것이 필요하다.

이제는 템플릿이 너무 간단하다. 결과를 다시 보면 버튼 콘텐츠('Press me' 텍스트)가 표시되지 않는다. 실제로 동일한 코드를 사용하면 Button 컨트롤이 개발자의 상태를 따르지 않는다는 것을 알 수 있다. 크기 조절은 효과가 없으며, 새 배경색을 지정하거나 Button의 다른 속성을 사용하지 않는다. 다시 말해 방금 적어도 버튼의 규정은 어겼다. 다른 무엇이 필요한데 바로 TemplateBinding에 관한 것이다.

> 템플릿은 매우 강력하며 애니메이션을 비롯해 컨트롤에 거의 모든 모양을 제공할 수 있다. 그러나 XAML을 수동으로 작성하는 것은 지루한 작업이다. 훌륭한 결과를 얻으려면 비주얼 스튜디오에 포함된 Blend for Visual Studio를 사용하는 방법을 학습하자. Blend를 사용하면 실제로 원하는 모양의 컨트롤을 그릴 수 있고 애니메이션을 적용할 수 있다. Blend는 개발자를 위해 상응하는 XAML을 생성한다.

---

1. DRY(Don't Repeat Yourself)는 반복적인 것을 하지 않는다는 의미다.

TemplateBinding

지금 필요한 것은 ControlTemplate 정의 내부에서 템플릿 컨트롤의 속성을 참조하는 기능이다. 그렇게 하면 템플릿에서 템플릿 컨트롤의 속성을 사용할 수 있다. 정확하게는 TemplateBinding 구문에 관한 것이다.

TemplateBinding 구문을 사용해서 이전 예제를 개선해보자.

```xml
<Button Content="Press me">
    <Button.Template>
        <ControlTemplate TargetType="{x:Type Button}">
            <Grid>
                <Ellipse Fill="{TemplateBinding Background}"
                    Width="100"
                    Height="100" />
                <Label Content="{TemplateBinding Content}"
                    HorizontalAlignment="Center"
                    VerticalAlignment="Center" />
            </Grid>
        </ControlTemplate>
    </Button.Template>
</Button>
```

새로운 모양은 버튼의 원본 콘텐츠를 표시하고 버튼 배경색을 유지한다.

이제 컨트롤 자체에 배경색(solid, gradient 또는 심지어 VisualBrush 중 무엇이든 한 가지)을 할당하면 Ellipse 컨트롤에서 배경색을 사용하게 된다. 훌륭하다! 이전 스크린샷에서 Button 컨트롤의 Background 속성이 기본 값이기 때문에 타원은 회색이다.

앞 예제 코드에서는 Button의 원본 콘텐츠 렌더링을 위해 Label 컨트롤을 사용했다. TextBlock 컨트롤을 사용했다면 텍스트 콘텐츠로 제한될 것이다. 반면 Label 컨트롤은 모든 콘텐츠를 허용한다. 즉, 템플릿을 사용하는 모든 사용자가 버튼 콘텐츠로 MediaElement 또는 ListBox나 Grid가 있는 자식을 지정할 수 있으며, 여기서는 Ellipse 위에 표시된다.

ItemsPresenter

ListBox 및 ComboBox 같은 Items 속성이 있는 목록 컨트롤도 템플릿으로 만들 수 있다. 각 요소의 개별 모양을 변경하려면 ItemTemplate을 사용해야 한다. 그러나 컨트롤의 전체 레이아웃을 변경하려는 경우(예를 들어 항목 목록 회전 또는 크기 조절이나 다른 종류의 모양 생성) 해당 컨트롤의 Template 속성을 사용해 새로운 모양을 제공할 수도 있다.

목록 컨트롤에 대한 템플릿을 만들 때 항목의 실제 목록(가능하면 제공된 ItemTemplate 및 ItemsPanel을 사용해)을 표시하려는 지점을 스스로 찾을 수 있을 것이다. 해당 지점이 ItemsPresenter에 대한 것이다. ItemsPresenter 컨트롤은 단순히 템플릿 내부의 실제 항목을 표시하고 싶은 곳에 삽입하기만 하면 잘 동작할 것이다. 별도의 구성이 필요하지 않고 간단하다.

5.2 연습문제: 기본 버튼 템플릿 생성

 Discussion.xaml 페이지에서 Send 버튼의 모양을 변경한다. 원하는 모양을 선택하고 원본 텍스트(Send)가 표시되는지 확인한다. 다음과 같이 선을 따라 뭔가 있을 수 있다.

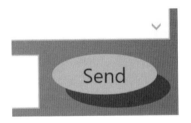

5.3 연습문제 풀이

1. 비주얼 스튜디오로 전환해 '4.11 연습문제 풀이'에서 작성한 'BikeShop' 프로젝트를 연다.

2. 보기 ❯ 솔루션 탐색기 메뉴 항목을 클릭해 솔루션 탐색기를
   연다.

3. 솔루션 탐색기에서 Discussion.xaml 파일을 더블 클릭한다.
   Button 요소 선언을 찾아 열고 닫는 태그로 변경한다.

4. Button 요소 내부에 다음 코드를 추가한다.

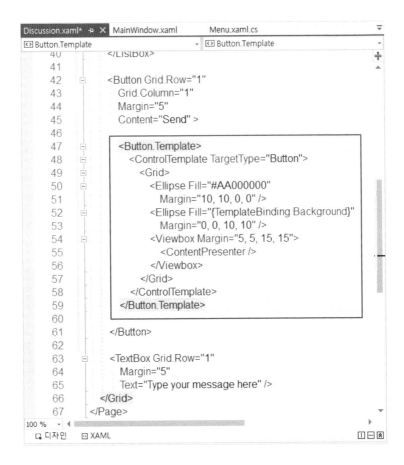

5. 애플리케이션을 실행한다(디버그 ➤ 디버깅 시작 메뉴 항목 클릭).

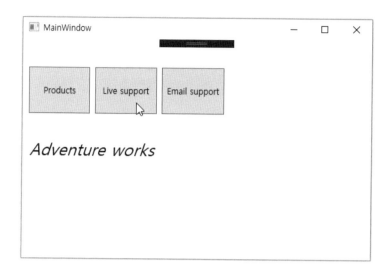

6. Live support 표시 버튼을 클릭한다. Discussion 페이지의
버튼이 사용자 정의화 됐는지 확인한다.

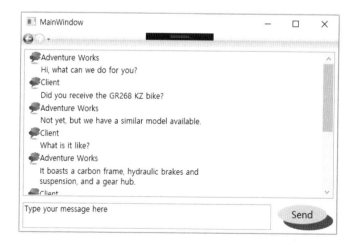

7. 애플리케이션을 닫는다.

5.4 리소스

일단 컨트롤에 대한 훌륭한 템플릿을 작성하면 애플리케이션 전체에 걸쳐 여러 곳에서 사용되기를 원할 것이다. 현실적으로 템플릿 코드를 복제하는 것은 유지 보수가 불가능할 것이다. 여기가 바로 리소스 resources가 빛을 발하는 곳이다.

실제로 XAML에서 여러 컨트롤을 통해 일부 XAML을 공유가 필요할 때마다 리소스가 애플리케이션 전체에서 같은 화면 또는 다른 화면에 있든 상관없이 응답할 수 있다.

애플리케이션 내부의 모든 컨트롤은 문자열 키 사전인 Resources 속성을 사용해 리소스를 저장할 수 있다. 즉, 문자열 키를 제공하는 모든 리소스 객체를 추가할 수 있다.

컨트롤 자체와 모든 하위 컨트롤은 컨트롤의 리소스에 접근할 수 있다. 즉, 리소스를 저장하는 곳은 주로 다음과 같은 두 곳이다.

- **화면**: 페이지, 사용자 정의 컨트롤 또는 창과 같이 단일 화면으로 범위가 지정된 리소스
- **애플리케이션**: App.xaml에 선언된 Application 요소와 같이 애플리케이션 전반에 걸쳐 사용되는 리소스

> 실제로는 리소스 사전(resource dictionaries)이라는 제3의 장소가 있다. 자세한 내용은 나중에 설명한다.

여기까지는 이론일 뿐이다. 동작 방식을 살펴보자. 다음과 같이 App.xaml 파일에서 두 개의 리소스를 선언한다.

```
<Application ...>
    <Application.Resources>
        <Button x:Key="button">Hello, world</Button>
        <SolidColorBrush x:Key="accentBrush" Color="Red" />
    </Application.Resources>
</Application>
```

위 코드에서 Button 및 SolidColorBrush 클래스가 인스턴스화
되는 방식에 주의하자. x:Key를 지정한다는 점만 제외하면 다른 모
든 위치와 동일하다. Key는 해당 자원을 참조할 때 재사용할 이름이
다. 방법은 다음과 같다.

```
<Label Content="{StaticResource button}"
    Background="{StaticResource accentBrush}" />
```

위 코드는 리소스가 Application 요소 아래에 선언됐으므로 애플
리케이션의 어느 위치에서나 사용할 수 있다. 해당 리소스를 애플리
케이션의 더 작은 부분으로 범위 지정을 원한다면 Page 요소나 소수
의 페이지에서 참조하는 ResourceDictionary로 선언할 수 있다.

StaticResource 구문 뒤에는 사용하려는 리소스의 키가 온다.
x:Key 특성을 사용해 할당된 문자열과 완전히 동일한 문자열이다.

리소스를 사용할 때 결과는 리소스가 특성 값으로 직접 선언된 것
과 같다. XAML에서 인스턴스화된 객체를 공유해야 할 때마다 리소스
를 사용해야 한다.

리소스에 대해 알아야 할 점이 하나 더 있는데, 리소스를 참조할 때 StaticResource 구문 대신 DynamicResource 구문을 사용할 수 있다는 것이다.

너무 긴 이야기이므로 StaticResource 사용을 추천하며, 큰 차이 는 없다.

DynamicResource는 리소스가 사용되는 동안(예를 들어 화면이 계속 표시됨) 다른 리소스로 대체되면 결과가 즉시 표시된다는 장점이 있다. DynamicResource는 사용 사례가 적으므로(특히 리소스가 INotify PropertyChanged를 구현할 수 있으므로), 굳이 사용해서 관련 부하를 줄 이유가 있는가?

ResourceDictionaries

실제 애플리케이션에서는 변환기, 브러시, 데이터 객체 또는 기술 객 체, 컨트롤 템플릿, 데이터 템플릿 등 Application 요소 아래에 많은 리소스를 선언할 수 있다. 즉, App.xaml 파일이 유지 보수가 어려울 수 있다. 정돈된 개발자는 리소스를 확실히 정돈하고 싶어 하므로 리 소스 사전resource dictionaries이 만들어졌다.

리소스 사전을 사용하는 것은 쉽다. 프로젝트에 몇 개의 '리소스 사전' 파일을 그냥 추가하고 리소스를 파일(일반 XAML 파일) 내부에 두 면 된다. 그런 다음에 다음과 같은 종류의 선언을 추가해 해당 파일을 모든 Resources 속성에서 참조한다.

```
<Window.Resources>

    <ResourceDictionary Source="Brushes.xaml" />

</Window.Resources>
```

5.5 연습문제: 배경 설정

 작성한 모든 페이지가 공통된 배경(원하는 색상을 선택)을 공유하는지 확인한다. 해당 배경은 공유될 수 있게 리소스로 저장돼야 한다.

WPF 및 비주얼 스튜디오의 버전에 따라 페이지에 암시적 스타일을 사용하면 디자인 뷰나 런타임에 작동하지 않을 수 있다. 게다가 스타일에 대해 아직 논하지 않았다. 그러므로 연습문제에 스타일을 사용하지 않는다.

5.6 연습문제 풀이

1. 비주얼 스튜디오로 전환해 '5.3 연습문제 풀이'에서 작성한 'BikeShop' 프로젝트를 연다.

2. 보기 ▶ 솔루션 탐색기 메뉴 항목을 클릭해 솔루션 탐색기를 연다.

3. 솔루션 탐색기에서 App.xaml 파일을 더블 클릭한다.

4. Application.Resources 요소 아래에 다음 XAML 코드를 추가한다. 추가한 코드는 선형 그라데이션 브러시로 #FFDBFFE7 색으로 시작(OffSet="0")해서 #FF03882D 색으로 끝(OffSet="1")나는 초록색 계열의 그라데이션이다.

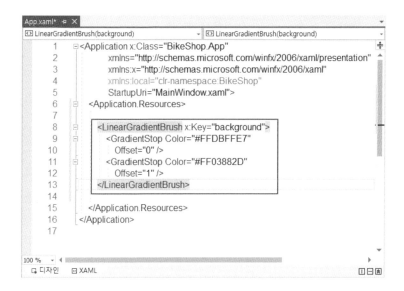

5. Contact.xaml 및 Discussion.xaml, Menu.xaml, Products
   Management.xaml 페이지를 연다. 각각에 대해 `Page` 요소에
   다음과 같은 `Background` 특성을 추가한다.

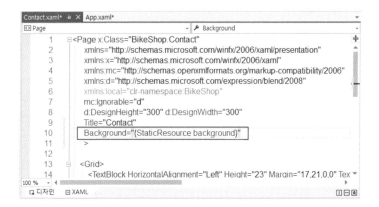

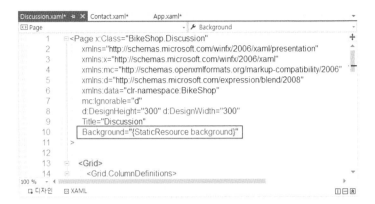

```
Discussion.xaml*   X  Contact.xaml*     App.xaml*
Page                              - ⚙ Background
 1   <Page x:Class="BikeShop.Discussion"
 2       xmlns="http://schemas.microsoft.com/winfx/2006/xaml/presentation"
 3       xmlns:x="http://schemas.microsoft.com/winfx/2006/xaml"
 4       xmlns:mc="http://schemas.openxmlformats.org/markup-compatibility/2006"
 5       xmlns:d="http://schemas.microsoft.com/expression/blend/2008"
 6       xmlns:data="clr-namespace:BikeShop"
 7       mc:Ignorable="d"
 8       d:DesignHeight="300" d:DesignWidth="300"
 9       Title="Discussion"
10       Background="{StaticResource background}"
11       >
12
13     <Grid>
14       <Grid.ColumnDefinitions>
100 %
   디자인   XAML
```

```
Menu.xaml*   X  Discussion.xaml*     Contact.xaml*     App.xaml*
Page                              - ⚙ Background
 1   <Page x:Class="BikeShop.Menu"
 2       xmlns="http://schemas.microsoft.com/winfx/2006/xaml/presentation"
 3       xmlns:x="http://schemas.microsoft.com/winfx/2006/xaml"
 4       xmlns:mc="http://schemas.openxmlformats.org/markup-compatibility/2006"
 5       xmlns:d="http://schemas.microsoft.com/expression/blend/2008"
 6       xmlns:local="clr-namespace:BikeShop"
 7       mc:Ignorable="d"
 8       d:DesignHeight="300" d:DesignWidth="300"
 9       Title="Menu"
10       Background="{StaticResource background}"
11       >
12
13     <Grid>
14       <Button Content="Products" HorizontalAlignment="Left" Height="66" Margi
100 %
   디자인   XAML
```

```
ProductsManagement.xaml*   X  Menu.xaml*     Discussion.xaml*     Contact.xaml*
Page                              - ⚙ Background
 1   <Page x:Class="BikeShop.ProductsManagement"
 2       xmlns="http://schemas.microsoft.com/winfx/2006/xaml/presentation"
 3       xmlns:x="http://schemas.microsoft.com/winfx/2006/xaml"
 4       xmlns:mc="http://schemas.openxmlformats.org/markup-compatibility/2006"
 5       xmlns:d="http://schemas.microsoft.com/expression/blend/2008"
 6       xmlns:local="clr-namespace:BikeShop"
 7       mc:Ignorable="d"
 8       d:DesignHeight="300" d:DesignWidth="520"
 9       Title="ProductsManagement"
10       Background="{StaticResource background}"
11       >
12
13     <Grid>
14       <TextBlock HorizontalAlignment="Left" Height="21" Margin="10,10,0,0" Tex
100 %
   디자인   XAML
```

168

6. 애플리케이션을 실행한다(디버그 ➤ 디버깅 시작 메뉴 항목 클릭).

7. 모든 페이지에 그러데이션 배경이 표시되는지 확인한다.

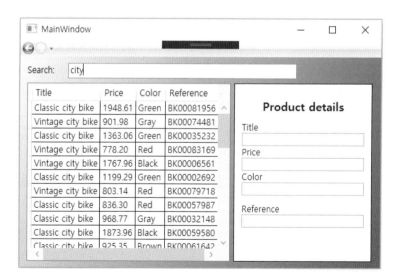

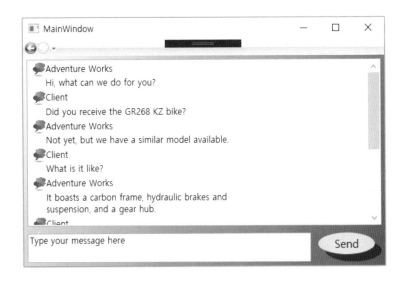

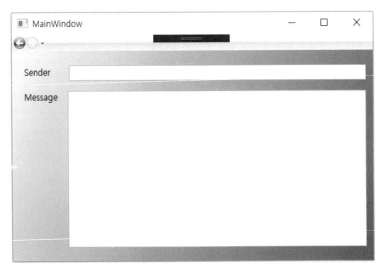

8. 애플리케이션을 닫는다.

5.7 스타일

스타일styles은 이름에서 알 수 있듯이 컨트롤의 모양을 스타일링하는 좋은 방법이다. 아니 그것만은 아니다. 실제로 스타일 컨트롤에 템플릿, 속성 및 리소스와 같은 여러 가지 방법을 이미 살펴봤다. 그렇다면 왜 스타일을 고집해야 하는가?

스타일을 이해하려면 스타일을 '다중 속성 설정자multi property setters'로 생각해야 한다. 무엇인지 알아보자. 여러 Button 컨트롤의 배경을 멋진 그래디언트gradient 브러시로 설정해야 한다고 가정해보자. 리소스 없이 만들어도 괜찮다. 그러나 배경을 그래디언트 브러시로 설정하고 높이와 너비를 표준 값으로 설정해야 한다고 가정하자. 그런 다음 세 개의 리소스를 정의하고 각 Button 컨트롤의 세 가지 속성인 Background, Width 및 Height에서 리소스를 참조해야 한다. 스타일을 사용하면 간단하게 수행할 수 있다.

방금 언급한 스타일용으로 사용할 수 있는 선언은 다음과 같다.

```
<Application.Resources>
    <Style x:Key="niceButton"
      TargetType="Button">
      <Setter Property="Width"
        Value="50" />
      <Setter Property="Height"
        Value="50" />
      <Setter Property="Background">
        <Setter.Value>
          <LinearGradientBrush>
```

```
                <GradientStop Color="Red" />

                <GradientStop Color="Yellow" Offset="1" />

            </LinearGradientBrush>

        </Setter.Value>

    </Setter>

  </Style>

</Application.Resources>
```

그리고 다음은 일부 버튼에 위 스타일을 적용하는 방법이다.

```
<StackPanel Margin="50">

    <Button Style="{StaticResource niceButton}">

      A

    </Button>

    <Button>

      B

    </Button>

    <Button Style="{StaticResource niceButton}">

      C

    </Button>

    <Button Style="{StaticResource niceButton}">

      D

    </Button>

</StackPanel>
```

결과는 다음과 같다(바탕색이 왼쪽 상단이 붉은색으로 시작하여 오른쪽 하단으로 가면서 노란색으로 바뀌는 그래디언트가 적용된다).

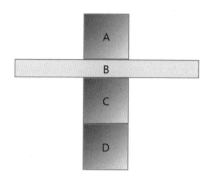

두 번째 버튼은 명시적으로 스타일을 지정하지 않았으므로 스타일이 적용되지 않는다.

이제 암시적인 스타일이 하나 더 있다. 스타일(및 템플릿)은 키를 할당하지 않고 리소스로 저장할 수 있다. 키 할당이 없는 경우 해당 범위 내에서 TargetType과 일치하는 모든 컨트롤에 자동으로 사용된다. 예를 들어 다음 XAML은 페이지의 모든 컨트롤을 스타일링한다.

```
<Page ...>
  <Page.Resources>
    <Style TargetType="Button">
      ...
    </Style>
  </Page.Resources>
  <StackPanel Orientation="Horizontal">
    <Button>A</Button>
    <Button>B</Button>
    <Button>C</Button>
    <Button>D</Button>
  </StackPanel>
</Page>
```

결과는 다음과 같다(배경색은 왼쪽 상단이 붉은색으로 시작하여 오른쪽 하단으로 가면서 노란색으로 변하는 그래디언트가 적용된다).

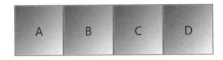

암시적 스타일은 전체 애플리케이션의 컨트롤에 스타일을 제공하는 좋은 방법이다. 좀 더 정교한 스타일링을 위해 단순히 키 스타일을 사용한다.

5.8 연습문제: 암시적 스타일을 사용해 메뉴 페이지 개선

 Menu.xaml 페이지에서 모든 Send 버튼의 모양을 변경하려 한다. 이전 연습문제에서 만든 템플릿을 사용하자. 메뉴 페이지는 다음과 같다.

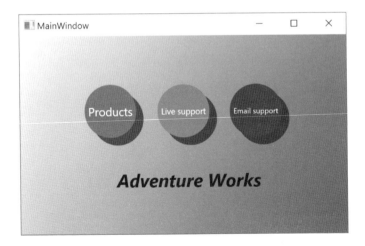

5.9 연습문제 풀이

1. 비주얼 스튜디오로 전환해 '5.6 연습문제 풀이'에서 작성한 'BikeShop' 프로젝트를 연다.

2. **보기 ➤ 솔루션 탐색기** 메뉴 항목을 클릭해 솔루션 탐색기를 연다.

3. 솔루션 탐색기에서 Manu.xaml 파일을 더블 클릭하고, 루트 Page 요소 바로 아래에 다음 코드를 추가한다.

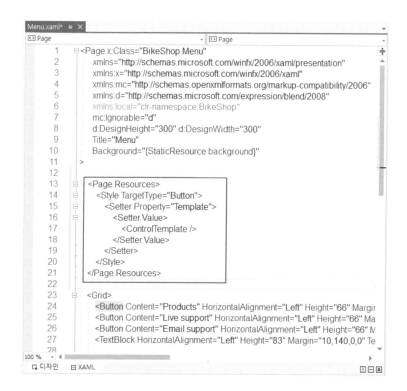

4. 이전 연습문제 풀이에서 선언한 Discussion.xaml 페이지에서
타원 모양 버튼의 ControlTemplate 요소 부분 코드를 복사
한다.

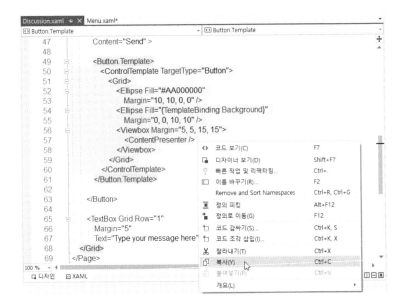

5. Menu.xaml 페이지의 <ControlTemplate /> 요소를 복사한
   코드의 ControlTemplate으로 바꾼다.

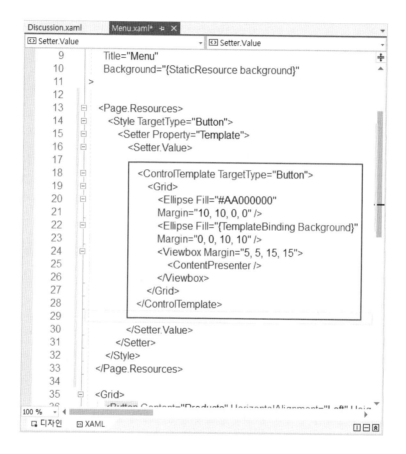

6. 애플리케이션을 실행(디버그 ➤ 디버깅 시작 메뉴 항목 클릭)하고 Menu 페이지의 3개 버튼이 새 템플릿 버튼인지 확인한다.

7. 애플리케이션을 닫는다.

 애플리케이션에 리소스를 적용하는 3가지 방법 정리

- 해당 컨트롤에 직접 정의(5.3 연습문제 풀이: 버튼에 정의)
- 해당 페이지에만 영향을 미치도록 페이지에 정의 (5.9 연습문제 풀이: Menu 페이지에 정의)
- 해당 솔루션 전체에 영향을 미치도록 전역 위치에 정의(5.6 연습문제 풀이: App.xaml 파일에 정의)

5.10 테마

디자이너와 올바르게 작업한다면 디자이너는 템플릿과 속성 값을 적용하는 암시적 및 명시적 스타일이 포함된 ResourceDictionary 파일을 제공할 것이다. 해당 파일을 테마^{Theme}라고 할 수 있다.

소규모 프로젝트의 경우와 같이 디자이너와 함께 작업하지 않을 경우 무료로 사용할 수 있는 테마가 있는지 궁금할 것이다. 물론 있다. 예를 들어 몇 가지 테마를 https://wpfthemes.codeplex.com에서 찾을 수 있다.

5.11 변형

컨트롤을 쉽게 크기 변경, 회전 또는 기울일 수 있다. 모든 컨트롤에는 변형을 위해 사용 가능한 RenderTransform 및 LayoutTransform이 있다. 둘 다 적용할 변형을 묘사하는 똑같은 하위 항목을 갖는다. 둘의 차이점은 필요한 크기를 계산할 때의 계산 방법이다.

변형에 필요한 XAML을 직접 작성할 수도 있지만 무의미하다. 비주얼 스튜디오에서는 직관적인 방법으로 변형이 가능하다. 컨트롤의 속성 창을 열면 다음과 같은 변형 부분이 나타난다.

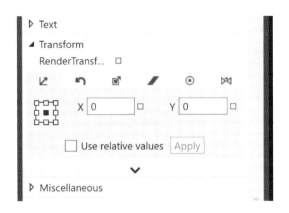

자세히 살펴보면 아랫부분에 확장 표시가 있어서 사용 빈도가 낮은 LayoutTransform에 접근할 수 있다. 차이점은 무엇일까? 쉽게 말해 RenderTransform은 컨트롤에 필요한 크기를 계산할 때 변환을 고려하지 않는(필요하다면 '크기 할당' 참조) 반면 LayoutTransform은 변환을 고려한다. 디자인 모드에서 작업하거나 Canvas를 사용할 때 차이점이 없으므로 LayoutTransform이 자주 사용되지 않는다.

명확하지 않다면 둘의 차이점은 다음과 같다.

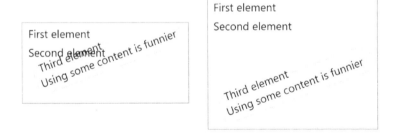

왼쪽에는 ListBox 내부의 GroupBox 컨트롤에 할당된 크기가 변환되지 않고 갖고 있던 크기가 유지되게 RenderTransform을 사용

했다. 그래서 다른 요소가 한 번 회전되면 덮어 쓰게 된다.

5.12 컨트롤 상태

살펴봤던 도구를 사용해 Button 컨트롤에 대한 템플릿을 만들려고
시도하면 실망할 수 있다. 클릭 시 모양이 변경되지 않고, 마우스가
영역에 들어갈 때도 변경되지 않는다. 개선이 가능하다. 물론 애니메
이션에 대해 바로 생각해보고 곧 애니메이션에 관해 이야기하겠지만
내가 권장하는 것은 아니다.

애니메이션을 적용하는 경우 마우스를 누른 상태 하나, 마우스를
놓은 다른 상태 하나, 추가로 마우스가 컨트롤 영역에 들어올 때 및
머물러 있을 때 상태 하나를 각각 만들어야 할 것이다. 아, 그리고
마우스가 영역에 들어가 있고 동시에 눌려진 상태 하나 및 놓은 상태
하나가 필요하다. 즉, 상호 의존적인 6개의 애니메이션을 만들어야
한다. 자체적으로 준비해야 하는 지옥 같은 길을 생각해보자.

컨트롤 상태^{control states}라는 더 좋은 방법이 있다. 컨트롤 상태를 사
용하면 컨트롤이 각 상태에서 갖는 모양을 차례로 생각할 수 있으며,
WPF는 각 상태 간의 모든 전환 애니메이션을 만들 것이다. 버튼의
경우 여섯 개의 애니메이션 대신 두 가지 상태(Pressed 및 MouseOver)
로 모양을 수정한다. 충분히 훨씬 줄어든 작업이다.

몇 가지 이론을 먼저 살펴보면 각 컨트롤은 특성을 사용해 자신의
상태 목록을 선언한다. Button 선언에서 추출한 내용은 다음과 같다.

```
[TemplateVisualState(Name = "Normal",
    GroupName = "CommonStates")]
[TemplateVisualState(Name = "MouseOver",
    GroupName = "CommonStates")]
[TemplateVisualState(Name = "Pressed",
    GroupName = "CommonStates")]
[TemplateVisualState(Name = "Disabled",
    GroupName = "CommonStates")]
[TemplateVisualState(Name = "Unfocused",
    GroupName = "FocusStates")]
[TemplateVisualState(Name = "Focused",
    GroupName = "FocusStates")]
public class Button : ButtonBase { ... }
```

상태를 그룹화할 수 있다. 그룹 내에서 상호 배타적이지만 하나의
컨트롤은 다른 그룹에서 몇 가지 상태로 동시에 수행 될 수 있다. 화
면에는 상태로 전환할 때 예상되는 변경 사항을 설명하는 몇 가지
XAML 코드가 추가돼 있다. Blend for Visual Studio는 몇 번의 마우
스 조작만으로 상태를 생성하지만, 다음과 같은 방법이 가능하다.

```
<ControlTemplate
    TargetType="Button"
    xmlns:vsm="clr-namespace:System.Windows;assembly=System.
    Windows">
    <Border x:Name="RootElement">
      <vsm:VisualStateManager.VisualStateGroups>
        <vsm:VisualStateGroup x:Name="CommonStates">
          <vsm:VisualState x:Name="MouseOver">
```

```
<Storyboard>
  <ColorAnimation
    Storyboard.TargetName="BorderBrush"
    Storyboard.TargetProperty="Color"
    To="Red" />
  </Storyboard>
</vsm:VisualState>
...
```

그러면 다음과 같이 간단하게 지정해 전환을 애니메이션으로 만들
수 있다.

```
<vsm:VisualTransition GeneratedDuration="0:0:1.5">
```

추가 컨트롤의 경우 Button 컨트롤의 Pressed 상태로 들어갈 때
의 짧은 상태와 같은 특정 상태 전환에 대해 다른 타이밍을 갖게
VisualTransition의 From 및 To 속성을 사용할 수도 있다.

언급한 것처럼 Blend for Visual Studio는 개발자를 위해 XAML을
생성해준다. 수행에 필요한 것은 다음과 같다.

- 템플릿 정의 모드로 들어간다(컨트롤을 오른쪽 클릭하고 템플릿 편
  집 ▶ 현재 항목 편집을 선택).
- 상태 창을 연다.
- 편집을 원하는 상태 이름을 클릭한다.
- 컨트롤 속성을 변경하거나 속성을 주위로 움직여서 필요한
  변경을 한다.

- 선택적으로 상태 창에서 그룹 이름을 클릭해 전환 시간을 지정한다.

> 상태는 컨트롤 템플릿에만 국한되지 않는다. 모든 화면에서 자신의 상태 목록을 선언하고 XAML 또는 C#을 사용해 상태 목록을 전환할 수 있다. 또한 동일한 간편 애니메이션 전환 효과를 얻을 수 있다.

5.13 애니메이션

상태states는 대부분의 상황에서 애니메이션을 생성하는 쉬운 방법이다. 상태는 전환의 세부 사항이 아닌 최종 상태에 집중하기 때문에 애니메이션을 쉽게 유지 관리할 수 있다.

그러나 예를 들어 전환을 여러 단계로 나누기처럼 전환을 수행하는 방식을 사용자 정의하려는 경우가 있다. 이 경우 StoryBoard를 사용해 사용자 정의 애니메이션을 만들 수 있다.

StoryBoard는 일방적인 애니메이션을 만들고 싶을 때 완벽한 후보가 될 수 있다. 예를 들어 애플리케이션을 통해 낮 시간 동안 태양의 고도에 따라 일반적인 배경색이 변경되는 것과 같은 기능이다.

애니메이션은 XAML을 사용해 선언되고 리소스로 저장된다. 다음은 애니메이션 예제다.

```
<Page.Resources>
    <Storyboard x:Key="rotateFast">
        <DoubleAnimationUsingKeyFrames
```

```
    BeginTime="00:00:00"

    Storyboard.TargetName="rotation"

    Storyboard.TargetProperty="Angle">

  <SplineDoubleKeyFrame KeyTime="00:00:02"

    Value="90"/>

  </DoubleAnimationUsingKeyFrames>

  </Storyboard>

</Page.Resources>
```

애니메이션이 선언되면 XAML 코드(트리거) 또는 C#을 사용해 애니메이션을 트리거할 수 있다. 다음은 rotateFast 애니메이션을 시작하기 위해 해당 페이지의 코드 비하인드에 작성할 수 있는 내용이다.

```
rotateFast.Begin();
```

생각에 따라 애니메이션 코드는 지루할 수 있다. 애니메이션을 만들려면 애니메이션의 타임라인 뷰 편집을 쉽게 해주는 Blend for Visual Studio를 사용하는 것이 좋다. Blend for Visual Studio를 사용하면 애니메이션을 미리 보고 언제든지 모양을 확인할 수 있다. 요약하면 애니메이션을 생성할 때 Blend for Visual Studio를 사용하자는 것이다.

Blend에서는 StoryBoard를 만들기 위해 객체 및 타임라인 창의 맨 위에 있는 '+' 버튼을 클릭하기만 하면 된다. 결과로 다음과 같은 StoryBoard 편집기가 보인다.

그런 다음 타임라인을 따라 노란색 수직선을 이동하고 객체 속성을 변경한다. 객체 속성을 변경하면 StoryBoard에 XAML로 기록되며, Blend는 노란색 선과 객체 이름의 교차점에 나타나는 회색 마커로 표시한다.

이 작업이 전부다! 일부 개발자가 Blend에 대해 모르거나 사용법을 배울 기회가 없어 C#으로 StoryBoard 객체를 선언하는 것을 보았고, 해당 개발자는 힘들고 힘든 시간을 보냈다.

6장

WPF MVVM 패턴

6.1 스파게티 코드

주의를 기울이지 않으면 유지 보수가 불가능하고 재사용이 불가능한
코드를 작성할 수 있다. 그런 일은 실제로 정말 빨리 일어날 수 있다.
다음은 WPF 또는 Windows Forms 화면의 코드 비하인드에 일어날
수 있는 가상의 코드다.

```
void Loaded(object sender,
    RoutedEventArgs args)
{
    BankData = GetBankData();
    BankData.DataChanged +=
        new EventHandler(BankData_Changed);
}

void BankData_Changed(
```

```
    object sender,

    BankDataEventArgs args)

{

    BankData b = args.Data;

    this.BalanceDisplay = b.Balance;

    if(this.IncludeInterests.Checked)

    {

        this.BalanceDisplay =

            b.Balance * b.InterestRate;

    }

}

void BalanceDisplay_TextChanged(

    object sender,

    RoutedEventArgs args)

{

    ...

}
```

위와 같은 종류의 코드에는 다음과 같은 많은 문제점이 있다.

- 거대한 파일을 만들어내고 유지 보수가 갈수록 어렵게 된다.
  해당 종류의 코드는 종종 한 화면에 대해 5,000줄 이상의 코
  드 비하인드를 생성한다.
- 테스트가 어렵다. 컨트롤 코드와 논리적 코드가 많이 섞여 있
  기 때문에 테스트를 실행하려면 UI를 인스턴스화해야 한다.
- 재사용이 어렵다. 컨트롤에 대한 참조는 다른 화면에서 코드
  재사용을 어렵게 만든다.

- 컨트롤의 속성을 깊이 있게 알아야 한다. UI에 대한 모든 변경은 해당 코드에 큰 영향을 미친다.

이 목록 외에도 많다. 간단히 말해 위와 같은 코딩 방식은 유지보수가 불가능한 코드를 생성한다.

그러나 많은 애플리케이션이 해당 방식으로 코딩되므로 자연스러운 코드 작성 방식이다. 모든 것이 심하게 서로 섞여 있기 때문에 스파게티 코드다. 해당 코드 방식으로 작성하지 않게 주의해야 한다. MVC 및 MVVM과 같은 더 좋은 패턴이 활용되는 곳이다. 그러나 MVC 및 MVVM 패턴은 자체 복잡성을 수반한다.

6.2 MVC

과거에 MVC$^{Model View Controller}$가 개선 모델로 나왔다. 기본적으로 컨트롤러는 모델과 뷰를 가져와서 모델을 뷰에 제공한다. WPF가 MVC를 위한 모든 것을 갖추고 있으니 걱정 없다.

- **뷰**: 순수 XAML
- **모델**: INotifyPropertyChanged 및 INotifyCollection Changed를 구현하는 클래스
- **컨트롤러**: 명령, 트리거, 관련 이벤트, NavigationService

그러나 또 다른 SOC[1] 모델의 필요성이 생긴 다음과 같은 두 가지 이유가 있다.

---

1. 관심사 분리(Separation of Concerns)

- 그냥
- 개발자가 올바르게 코딩했는지를 설계자가 파악하기 위해 해당 코드를 살펴볼 필요가 있다.

그래서 설계자[2]는 MVVM 모델을 도입했다. MVVM에는 몇 가지 장점이 있다. 그중 하나는 개발자가 코드를 올바르게 코딩했는지를 설계자가 1초 내에 알 수 있다는 사실이다. 쉽다!

설계자의 코드 리뷰를 훨씬 쉽게 만들어주는 것 외에도 MVVM은 깨끗하고, 재사용 가능하고, 테스트 가능(자동화된 단위 테스트로)하고, 유지 보수 가능한 코딩 방법을 제공한다. 내 생각은 추가 복잡성을 완전히 감당할 가치가 있다는 것이다. 프로젝트에서 나 홀로 개발자이자 WPF 초보자인 개발자에게 MVVM을 추천하지는 않지만, 좋은 습관이다.

6.3 MVVM

MVVM은 Model View ViewModel을 의미한다. 해당 부분들이 다음과 같이 서로 연관돼 있다.

---

2. 개발자는 종종 소프트웨어 설계자이기도 하다.

DataModel은 비즈니스 클래스로 구성된다. UI에 제공된 데이터를 갖고 있다. DataModel은 쉽게 단위 테스트 가능하며 좋은 소식은 이미 독자가 DataModel을 생성하는 방법을 알고 있다는 것이다.

View는 UI이다. 이상적으로 View는 순수 XAML로 구성된다. View는 자동화된 테스트를 사용해 테스트가 어렵기 때문에 View의 코드 양을 줄여야 하는 이유다. 보게 되겠지만 View의 DataContext는 ViewModel이며, 데이터 바인딩은 둘 사이의 접착제 역할을 한다.

ViewModel은 이 시점에서 MVVM을 사용하기 위해 배울 필요가 있는 큰 모험이다. 다음과 같은 기능을 한다.

- 하나의 뷰에 대한 메소드(또는 명령)로 속성 및 액션을 사용해 데이터를 노출한다.
- 뷰를 참조하지 않아야 하지만 뷰에 크게 의존한다.
- 다른 DataModel 혼합을 허용하거나 비동기 호출의 복잡성을 숨길 수 있다.
- 단위 테스트를 쉽게 할 수 있다.
- INotifyPropertyChanged를 구현한다.

MVVM에는 여러 가지 특징이 있다. 나는 WPF 코드를 수년간 가르치고, 코딩하고, 검토하면서 학습의 용이함과 설계적 완성 간의 균형을 잘 잡아 왔다. 따라서 잘 전수해 줄 것이다. 논쟁의 여지가 있을 수 있지만, 좋은 학습 기반과 즉시 사용 가능한 방법론으로 모두 작용할 수 있다고 생각한다.

6.4 권장하는 단계(단순)

MVVM은 특히 Windows Forms이나 WPF와 관련된 코드 비하인드(스파게티) 모델에 물들어 있는 경우 매우 복잡할 수 있다. 가능하면 쉽게 만들어보자. MVVM을 사용해 화면 코딩 시 다음 단계를 따르자.

1. ViewModel을 생성한다.
2. ViewModel이 노출해야 하는 속성을 찾는다.
3. 알림 속성을 코딩한다.
4. ViewModel을 View의 DataContext로 사용한다.
5. View를 ViewModel에 데이터 바인딩한다.
6. 기능적 논리를 코딩한다(3단계 이후에 언제든지 수행 가능).

ViewModel 생성

ViewModel은 단순히 클래스다. 각 화면당[3] 하나씩 있어야 한다. 연습문제를 통해 비슷한 화면에서 ViewModel을 공유하거나 기본 ViewModel 클래스를 상속받을 수도 있지만 각 화면당 하나의 ViewModel은 좋은 출발점이다.

ViewModel 클래스는 INotifyPropertyChanged를 구현해야 한다. '4.8 INotifyPropertyChanged' 절에서 봤던 Notifier 클래스에서 그냥 상속한다.

ViewModel 클래스의 이름을 화면에 따라 명명하면 좋다. 예를 들어 다음과 같은 파일이 가능하다.

---

3. UI의 단위: 창(Window), 페이지(Page) 또는 사용자 정의 컨트롤(UserControl)

- **View**: \View\YourScreen.xaml
- **ViewModel**: \ViewModels\YourScreenViewModel.cs

또는 단순한 프로젝트에는 다음과 같이 지정한다.

- **View**: \Screens\YourScreen.xaml
- **ViewModel**: \Screens\YourScreenViewModel.xaml

ViewModel이 노출해야 하는 속성 찾기

생성을 원하는 뷰를 살펴보자(XAML을 이미 만든 경우). 모든 사용자 입력이나 출력에 대해 ViewModel에 속성을 추가해야 한다.

코드 알림 속성

ViewModel에 추가하는 속성은 알림 속성notifying properties이어야 한다. 알림 속성 종류의 코드를 단순화하는 데 도움이 되는 여러 도구가 있다. 그런 도구가 없는 경우 알림 속성은 다음과 같이 코딩될 것이다.

```
private double speed;

public double Speed
{
    get { return speed; }
    set
    {
        speed = value;
```

```
      OnPropertyChanged("Speed");
    }
}
```

위 코드에 대한 설명은 '4.8 INotifyPropertyChanged' 절을 다시 읽어보자. 알림 속성에 대한 이론적 근거는 ViewModel이 View에 대해 알지 못한다는 것이므로, 알림 속성이 "이봐, 뭔가 변경됐어!"라고 말하는 방법이다.

> 알림 속성은 공간을 많이 차지하지만 기능 코드는 포함하지 않는다. #region 요소로 그룹화해 화면상에서 자리를 차지하지 않게 처리하자.

어떤 시점에 해당 속성들 중 하나가 변경되면 ViewModel이 무언가를 수행하게 할 수 있다. 나의 조언은 ViewModel에 메소드를 추가하고 속성 설정자에서 한 줄로 그 메소드를 호출하는 것이다. 그렇게 하면 기능 코드로 속성 선언을 오염시키지 않고 ViewModel을 읽을 때 ViewModel의 속성 코드 전체(ViewModel의 꽤 많은 양의 코드를 차지한다)를 안전하게 무시할 수 있다. 마지막으로 닷넷 명명 규칙에 따르는 On[속성_이름]Changed 해당 메소드를 호출해야 한다. 위의 속성은 다음과 같은 모습이 될 것이다.

```
private double speed;
public double Speed
{
    get { return speed; }
```

```
    set
    {
        speed = value;

        OnPropertyChanged("Speed");

        OnSpeedChanged();
    }
}

void OnSpeedChanged()
{
    // 기능적인 코드 추가
}
```

View의 DataContext로 ViewModel 사용

마지막 단계다. 수행을 위한 여러 가지 방법이 있다. 가장 쉬운 두 가지 방법은 XAML 사용 및 코드 비하인드 사용이다.

XAML을 사용해 DataContext 할당

```
<Window xmlns:vm="clr-namespace:ViewModels"
    ...>
    <Window.DataContext>
        <vm:YourScreenViewModel />
    </Window.DataContext>
    ...
</Window>
```

이 기술의 단점은 디자인 뷰를 표시할 때 ViewModel 클래스가 인스턴스화된다는 점이다. 하지만 이 문제를 해결하는 방법은 여러 가지가 있다.

코드 비하인드를 사용해 DataContext 할당

```
public partial class YourScreen: Window
{
    public YourScreen()
    {
        InitializeComponent();
        this.DataContext = new YourScreenViewModel();
    }
}
```

위 기술의 단점은 디자인 뷰에서 데이터 바인딩 편집기의 도움을 받지 못한다는 것이다. 해결책은 다음 절을 읽어보자.

MVVM을 사용할 때 코드 비하인드가 없어야 한다. 코드 감사 수행 시 위 코드 비하인드 줄이 유일하게 내가 용인할 수 있는 부분이다.

> 나는 그렇게 엄격하지 않다. 부족하게 만들어진 컨트롤과 같은 특수한 경우에는 코드 비하인드가 필요할 수 있다.

ViewModel 사용: 요구 버전

XAML이나 코드 비하인드에서 DataContext 할당은 모두 단점이 있다. 필요한 복잡성 수준에 따라 몇 가지 해결책이 있다. 런타임에만

ViewModel 인스턴스화 및 데이터 바인딩 편집기를 얻기 위한 중간 해결책은 다음을 따른다.

클래스를 지정하는 XAML의 d:DataContext 특성을 사용한다. 그러면 뷰를 디자인하는 동안 인스턴스화되지는 않지만 여전히 데이터 바인딩 편집기에서 도움을 얻을 수 있다.

```xml
<Window xmlns:vm="clr-namespace:ViewModels"
    mc:Ignorable="d"
    xmlns:d="http://schemas.microsoft.com/expression/blend/2008"
    d:DataContext="{d:DesignInstance vm:YourScreenViewModel}"
    ...>
    ...
</Window>
```

그런 다음 코드 비하인드를 사용해 DataContext를 다음과 같이 할당한다.

```csharp
public partial class YourScreen: Window
{
    public YourScreen()
    {
        InitializeComponent();
        this.DataContext = new YourScreenViewModel();
    }
}
```

6.5 예제

이 시점에서 예제를 살펴보자. 액션^action(명령 및 메소드)을 처리하는 방법을 보지 못했으므로, 이 시점에서 해당 예제가 기본이 될 것이다. 그러므로 간단한 통화 변환기를 만들어보자. 금액이 유로화로 입력되면 미국 달러로 얼마인지 알려준다. 뷰는 다음과 같다.

1단계는 다음과 같이 ViewModel을 생성한다.

```
public class CurrencyConverterViewModel : Notifier
{

}
```

2단계는 필요한 속성을 찾는다. 하나의 입력인 유로 값과 하나의 출력인 US 달러 값이 있다. 따라서 두 개의 속성이 필요하다.

3단계는 속성을 코딩한다. 장황하지만 다음과 같이 매우 직설적이다.

```
private decimal euros;
```

```
public decimal Euros
{
    get { return euros; }
    set
    {
        euros = value;
        OnPropertyChanged("Euros");
    }
}

private decimal dollars;

public decimal Dollars
{
    get { return dollars; }
    set
    {
        dollars = value;
        OnPropertyChanged("Dollars");
    }
}
```

4단계는 뷰의 DataContext로 ViewModel을 사용한다. XAML(뷰)
에서 다음과 같이 작성한다.

```
<Window xmlns:vm="clr-namespace:MyNameSpace"
    ...>
    <Window.DataContext>
        <vm:CurrencyConverterViewModel />
    </Window.DataContext>
```

```
    ...
</Window>
```

5단계는 데이터 바인딩을 한다. 텍스트 컨트롤의 Text 속성에 바인딩만 하면 된다.

```
...
<TextBox Text="{Binding Euros}" ... />
<TextBlock Text="{Binding Dollars}" ... />
...
```

바인딩 식을 작성할 때 속성 이름에 대한 인텔리센스 도움말을 얻을 수도 있다. 완전히 멋지지 않은가?

6단계는 기능적 논리를 코딩한다. ViewModel로 돌아가서 Euros 속성의 설정자에서 OnEurosChanged 메소드 호출을 추가한 다음 해당 메소드를 다음과 같이 코딩한다.

```
private void OnEurosChanged()
{
    Dollars = Euros * 1.1M;
}
```

끝이다! 완전하게 동작하는 화면이다. 정말 간단하지 않은가?

6.6 더 복잡한 예제

이제 더 까다롭게 만들기 위해 사용자가 통화를 선택하는 콤보 박스를 추가한다. 화면은 다음과 같다.

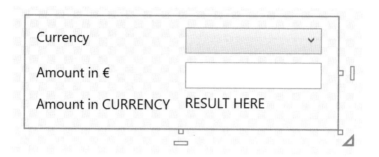

이전과 동일한 속성에 추가로 세 가지가 더 필요하다. 사용 가능한 통화 목록을 반환하는 속성, 선택한 통화를 갖고 있는 속성, 그리고 선택한 통화의 제목에 대한 속성이다. 통화의 이름과 환율을 설명하는 데이터 객체(Model) 클래스를 추가한다.

Model 및 ViewModel에 대한 코드는 다음과 같다. 다시 말하지만, 속성은 대부분의 공간을 차지하지만 직설적인 코드를 포함하고 있다. 이상적으로 모델 속성은 알림을 받아야 하지만 다음 경우는 알림 모델이 필요하지 않으므로 해당 공간을 절약하겠다.

```
public class Currency
{
    public Currency(string title, decimal rate)
    {
        Title = title;
```

```
      Rate = rate;
    }
    public string Title { get; set; }
    public decimal Rate { get; set; }
}

public class CurrencyConverterViewModel2 : Notifier
{
    // 거의 무시할 수 있는 장황한 코드
    private decimal euros;

    public decimal Euros
    {
      get { return euros; }
      set
      {
        euros = value;
        OnPropertyChanged("Euros");
        OnEurosChanged();
      }
    }

    private decimal converted;

    public decimal Converted
    {
      get { return converted; }
      set
      {
        converted = value;
        OnPropertyChanged("Converted");
```

```csharp
    }
  }

  private Currency selectedCurrency;

  public Currency SelectedCurrency
  {
    get { return selectedCurrency; }
    set {
      selectedCurrency = value;
      OnPropertyChanged("SelectedCurrency");
      OnSelectedCurrencyChanged();
    }
  }

  private IEnumerable<Currency> currencies;

  public IEnumerable<Currency> Currencies
  {
    get { return currencies; }
    set {
      currencies = value;
      OnPropertyChanged("Currencies");
    }
  }

  private string resultText;

  public string ResultText
  {
    get { return resultText; }
    set {
```

```csharp
    resultText = value;

    OnPropertyChanged("ResultText");

  }

}

// 여기가 마법 같은 일이 발생하는 곳이다.
public CurrencyConverterViewModel2()

{

  Currencies = new Currency[] {

    new Currency("US Dollar", 1.1M),

    new Currency("British Pound", 0.9M),

  };

}

private void OnEurosChanged()

{

  ComputeConverted();

}

private void OnSelectedCurrencyChanged()

{

  ComputeConverted();

}

private void ComputeConverted()

{

  if (SelectedCurrency == null)

  {

    return;

  }

  Converted = Euros * SelectedCurrency.Rate;
```

```
        ResultText = string.Format(
            "Amount in {0}", SelectedCurrency.Title);
        }
}
```

그리고 이제 View에서 데이터 바인딩은 다음과 같다.

```
<TextBox Text="{Binding Euros}" ... />
<TextBlock Text="{Binding Converted}" ... />
<TextBlock Text="{Binding ResultText}" ... />
<ComboBox ...
    SelectedItem="{Binding SelectedCurrency}"
    ItemsSource="{Binding Currencies}">
    <ComboBox.ItemTemplate>
        <DataTemplate>
            <TextBlock Text="{Binding Title}" />
        </DataTemplate>
    </ComboBox.ItemTemplate>
</ComboBox>
```

ViewModel을 만드는 과정에서 앞서 열거했던 단계를 직접 적용하는 방법을 확인했는가? 다음 MVVM 연습문제에서 해당 단계를 준수해 자동으로 진행되게 하는 것이 좋다. 일단 해보면 MVVM은 단순하고 기본적인 것처럼 보일 것이다.

위 예제에서 많은 코드를 작성했다고 생각할 수도 있지만 더 가까이서 본다면 그렇지 않다는 것을 알게 될 것이다. ViewModel 코드를 다시 살펴보자. 대부분은 속성 선언일 뿐이다. 속성을 알리는 것은 장황함에도 불구하고 비어 있는 종류여서 해당 코드를 읽을 때 건너 뛸 수 있다. 다음으로 기능 논리가 ComputeConverted 메소드 내에 어떻게 함축돼 있는지 주목하자. 컨트롤 참조가 없는 그냥 순수 기능 코드다. 그러면 유지 보수가 쉬워진다. 그리고 이는 MVVM의 강점 중 하나다.

마지막으로 ViewModel 코드가 View와 어떻게 나뉘는지 살펴보자. ViewModel이 단순히 View에 대해 알지 못하므로 ViewModel을 변경하지 않고도 다른 TextBlock에서 통화에 대한 다른 선택기를 추가하거나 입력된 금액 또는 환율을 표시할 수 있다. 예를 들어 사용자가 선택한 모든 통화에 해당하는 환율을 표시하려면 다음과 같이 XAML로 작성해야 한다.

```
<TextBlock Text="{Binding SelectedCurrency.Rate}" .../>
```

6.7 명령과 메소드

솔직히 말해서 두 예제는 운이 좋았다. TextBox의 Text 속성(사용자가 텍스트를 입력) 및 ComboBox 컨트롤의 SelectedItem 속성 덕분에 사용자 상호작용에 대해 알 수 있었다. 종종 사용자가 버튼을 눌렀는지만 알고 싶을 때가 있다. 구현하기 힘든 것은 아니지만 한 가지를 더 배워야 한다.

명령: 다소 쉬운 방법

WPF에는 ICommand 인터페이스가 포함돼 있다. 클래스를 사용해 ICommand 인터페이스를 구현하고 해당 클래스를 인스턴스화하면 Button 및 MenuItem 컨트롤의 Command 속성을 사용해 해당 인스턴스를 참조할 수 있다. 해당 컨트롤을 클릭하면 명령이 호출된다.

자연스럽게 진행되는 것처럼 보이지만 그렇지 않다. 다음과 같은 몇 가지 이유가 있다.

첫째, ICommand를 구현하면 꽤 많은 코드가 필요하다. 대부분의 MVVM 프레임워크에서는 DelegateCommand 클래스(이름이 다양)를 제공해 해당 프로세스의 정보를 훨씬 간결하게 만든다.

둘째, 인스턴스화된 명령을 ViewModel의 특성에 할당해야 한다. 어렵지는 않지만 더 많은 빈 코드가 필요하다.

셋째, 최악이다. Click 이벤트만 명령을 트리거한다. 보여주기가 끝이 난다. MouseOver과 같이 다른 이벤트를 처리하려면 메소드를 사용하는 것과 비슷한 모양을 갖는 자세한 XAML을 사용해야 한다. 다음과 같은 정보에 대한 코드 종류다.

```
<Button>
    <i:Interaction.Triggers>
      <i:EventTrigger EventName="Click">
        <i:InvokeCommandAction
          Command="{Binding LoadMoreHotelsCommand}"/>
      </i:EventTrigger>
    </i:Interaction.Triggers>
</Button>
```

이제 "명령을 왜 사용해야 하는가?"라는 자연스러운 질문을 하게
된다. 답은 사용하지 말자다. 명령으로 괴로워하지 말자. 메소드면
충분하므로 계속 진행해보자.

메소드: 쉬운 방법

메소드를 사용하면 C#인 ViewModel이 매우 쉬워지고 XAML은 더
복잡해진다. 사실 클릭 외의 이벤트를 처리하는 명령은 마찬가지로
복잡해진다.

> 위와 같은 복잡성에 대한 모든 고려 사항은 올바른 MVVM 프레임워크나 몇 가지
> 확장을 사용해 완화할 수 있다. 비주얼 스튜디오를 사용하는 반제품 도구상자
> 사용을 권장한다. 또한 Blend for Visual Studio를 사용하는 경우 단순히 끌어
> 다 놓기를 사용하면 XAML을 생성할 수 있다.

C#을 사용(당연히)하고 있지만, XAML을 사용해 컨트롤 이벤트에 대
한 응답으로 메소드를 호출할 수 있는 방법을 살펴보자.

프로젝트에서 참조에 System.Windows.Interactivity.dll을
추가하면 된다.[4]

NuGet을 사용하거나 다음 경로 폴더에서 찾아 수행할 수도 있다.

```
C:\Program Files (x86)\Microsoft SDKs\Expression\Blend\
.NETFramework\v4.5\Libraries\
```

---

4. 추가로 Microsoft.Expression.Interactions.dll 파일의 참조도 필요한데, 두 가지 참조
를 추가하는 자세한 방법은 옮긴이의 블로그 https://blog.naver.com/goldrushing/
221316103092 글을 참고하도록 하자. – 옮긴이

그런 다음, XAML에서 화면(창, 페이지, 사용자 정의 컨트롤)의 루트 요소에 다음 특성을 추가한다.

```
xmlns:i="http://schemas.microsoft.com/expression/2010/
    interactivity"
xmlns:ei="http://schemas.microsoft.com/expression/2010/
    interactions"
```

그리고 마지막으로 XAML에서 각 컨트롤 및 이벤트에 대해 컨트롤을 위한 트리거를 추가해야 한다. 다음과 같은 모양이다.

```
<Button>
    <i:Interaction.Triggers>
      <i:EventTrigger EventName="Click">
        <i:CallMethodAction TargetObject="{Binding}"
            Method="LoadMoreHotelsAction"/>
      </i:EventTrigger>
    </i:Interaction.Triggers>
</Button>
```

앞서 말했듯이 위 코드는 Blend for Visual Studio를 사용해서 생성할 수 있다. XAML을 사용해서 DataContext로 사용할 ViewModel을 정의한 경우 공용 메소드가 '데이터 컨텍스트' 창에 나타나고 컨트롤로 끌어다 놓기만 하면 된다. 그런데 해당 트릭은 일반 속성 바인딩에서도 동작한다.

위 XAML 코드는 그다지 어렵지 않다. 이벤트 이름과 메소드 이름만 기술하면 된다. TargetObject가 현재 DataContext인 ViewModel이므로 이벤트와 메소드는 ViewModel에서 호출된다.

6.8 권장 단계(완성)

간단한 방법으로 MVVM 화면을 만드는 완전한 단계는 다음과 같다.

1. ViewModel을 생성한다.
2. ViewModel이 공개해야 하는 속성(입력, 출력)과 메소드(액션)를 찾는다.
3. 알림 속성을 선언하고 공용 메소드를 추가한다.
4. ViewModel을 View의 DataContext로 사용한다.
5. View를 ViewModel 속성에 데이터 바인딩한다.
6. View에 ViewModel 메소드를 호출하는 트리거를 추가한다.
7. 기능적 논리를 코딩한다(3단계 이후에 아무 때나 수행할 수 있다).

6.9 연습문제: MVVM을 사용해 제품과 세부 정보 표시

'제품과 세부 정보 표시' 연습문제에서 작성한 것과 동일한 동작을 하는 ProductsManagementMVVM 페이지를 추가한다. 메뉴의 Products 버튼을 클릭할 때 코드 비하인드 버전 대신 새로운 MVVM 버전을 사용하도록 Menu 코드를 변경한다.

페이지의 스크린샷은 다음과 같다(이전과 동일).

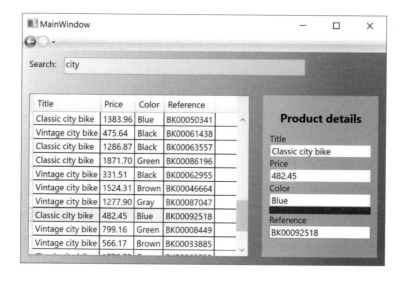

6.10 연습문제 풀이

- 비주얼 스튜디오로 선환한다.

- 보기 ❯ 솔루션 탐색기 메뉴 항목을 클릭해 솔루션 탐색기를
  연다.

- 솔루션 탐색기에서 프로젝트(솔루션이 아님)를 마우스 오른쪽
  클릭해 컨텍스트 메뉴에서 추가-페이지를 선택한다.

- 새 항목 추가 대화상자에서 하단 이름 영역을 찾아
  'ProductsManagementMVVM'을 입력한다.

- 솔루션 탐색기에서 ProductsManagementMVVM.xaml 파일
  을 더블 클릭한다.

- 도구 상자 창에서 페이지로 TextBox를 상단에 추가하고

DataGrid를 가운데에 추가한 후 Border를 오른쪽에 추가
한다.

- 다음과 같은 속성을 각 컨트롤에 할당한다.

컨트롤	속성	값
TextBox	Background	white
Border	Background	white

- 솔루션 탐색기에서 프로젝트(솔루션이 아님)를 마우스 오른쪽
  클릭해 컨텍스트 메뉴에서 추가-클래스를 선택한다.
- 새 항목 추가 대화상자에서 하단 이름 영역을 찾아
  'ProductsManagementMVVMViewModel'을 입력한다. 추가
  버튼을 클릭한다.
- ProductsManagementMVVMViewModel 클래스 코드를 다음
  코드로 대체한다.

```
public class ProductsManagementMVVMViewModel
    : Notifier
{
    #region 입력과 출력 속성

    private string searchInput;

    public string SearchInput
    {
        get { return searchInput; }
        set
```

```csharp
            {
                searchInput = value;
                base.OnPropertyChanged("SearchInput");
                OnSearchInputChanged();
            }
        }

        private IEnumerable<Product> foundProducts;

        public IEnumerable<Product> FoundProducts
        {
            get { return foundProducts; }
            set
            {
                foundProducts = value;
                OnPropertyChanged("FoundProducts");
            }
        }

        private Product selectedProduct;

        public Product SelectedProduct
        {
            get { return selectedProduct; }
            set
            {
                selectedProduct = value;
                OnPropertyChanged("SelectedProduct");
            }
        }

        #endregion
```

```
ProductsFactory factory = new ProductsFactory();

public ProductsManagementMVVMViewModel()
{
    // 선택적: 단순히 목록이 비어 있음을 확인
    FoundProducts = Enumerable.Empty<Product>();
}

private void OnSearchInputChanged()
{
    // 선택적: 단순히 선택된 모든 제품이 비선택인지 확인
    SelectedProduct = null;

    FoundProducts = factory.FindProducts(SearchInput);
}
}
```

- 솔루션을 빌드한다.
- ProductsManagementMVVM.xaml 파일을 연다.
- 다음과 같은 특성을 Page 요소에 추가한다.

```
xmlns:vm="clr-namespace:BikeShop"
```

- 다음과 같은 DataContext 속성을 Page 요소 아래에 추가한다.

```
<Page ...>
    <Page.DataContext>
        <vm:ProductsManagementMVVMViewModel />
```

```
</Page.DataContext>

...

</Page>
```

- 다음과 같은 특성을 TextBox 컨트롤에 추가한다.

```
Text="{Binding SearchInput, Mode=TwoWay,
UpdateSourceTrigger=PropertyChanged}"
```

UpdateSourceTrigger는 문자가 TextBox 컨트롤에 입력될 때마다 Search Input 속성이 즉시 업데이트되게 하기 위한 것이다. 그렇지 않으면 포커스를 잃어버린 경우에만 SearchInput 속성이 업데이트된다.

- 다음과 같은 특성을 DataGrid 컨트롤에 추가한다.

```
ItemsSource="{Binding FoundProducts}"
SelectedItem="{Binding SelectedProduct, Mode=TwoWay}"
```

- 다음과 같은 특성을 Border 컨트롤에 추가한다.

```
DataContext="{Binding SelectedProduct}"
```

- 다음과 같은 코드를 Border 요소 내부에 추가한다.

```
<StackPanel Margin="10">

    <TextBlock Text="Product details"
```

```
        FontWeight="Bold"

        FontSize="16"

        HorizontalAlignment="Center"

        Margin="10" />

    <TextBlock Text="Title" />

    <TextBox Text="{Binding Title, Mode=TwoWay}" />

    <TextBlock Text="Price" />

    <TextBox Text="{Binding Price, Mode=TwoWay}" />

    <TextBlock Text="Color" />

    <TextBox Text="{Binding Color, Mode=TwoWay}" />

    <Border Background="{Binding Color}"

        Height="10" />

    <TextBlock Text="Reference" />

    <TextBox Text="{Binding Reference, Mode=TwoWay}" />

</StackPanel>
```

- Menu.xaml.cs 파일을 연다.
- 다음 코드를 찾는다.

```
NavigationService.Navigate(

    new Uri("/ProductsManagement.xaml",

        UriKind.Relative)

);
```

- 해당 코드를 다음과 같은 코드로 대체한다.

```
NavigationService.Navigate(

    new Uri("/ProductsManagementMVVM.xaml",
```

```
        UriKind.Relative)
    );
```

- 애플리케이션을 실행한다(디버그 ➤ 디버깅 시작 메뉴 항목 클릭).
- Products 버튼을 클릭한다. 검색 문자열을 입력한다. DataGrid 컨트롤에서 제품을 선택하면 모든 속성이 오른쪽 패널에 표시되는지 확인한다.
- 오른쪽 측면 패널을 사용해 일부 제품 속성을 변경한다. DataGrid 컨트롤에 변경 내용이 표시되는지 확인한다.
- 애플리케이션을 닫는다.

6.11 MVVM 프레임워크 요약

MVVM 패턴을 사용하려면 알림 속성 코딩 및 INotifyProperty Changed 구현, 메소드를 호출하는 트리거 XAML 작성, ViewModel 인스턴스화, View에 할당과 같은 연결 작업 몇 가지가 필요하다. 또한 ViewModel이나 뷰 간의 통신 방법을 포함하는 종속성 주입이 필요할 수 있다.

MVVM 프레임워크는 해당 작업을 좀 더 쉽고 간결하게 만드는 주요 목적 중 하나다. 몇 가지 MVVM 프레임워크가 있으며, 모두 다음과 같은 기능을 제공한다.

- INotifyPropertyChanged를 구현하는 ViewModel을 생성하기 위해 ViewModelBase[5] 클래스 상속
- 오류를 제한하고 작업자 스레드에 알림이 발생하지 않게 속성 변경 알림
- 명령을 사용하기로 결정해야 하지만, 명령을 쉽게 작성하기 위해 DelegateCommand[6] 클래스 사용

또한 MVVM 프레임워크는 뷰 및 ViewModel에 대한 알림 속성 및 템플릿용 비주얼 스튜디오 코드 조각과 같은 몇 가지 유용한 기능을 제공할 수 있다.

주목할 만한 가치가 있는 프레임워크는 다음과 같다.

- **Prism**: Microsoft Patterns and Practices 팀에서 제작했고, 모듈식 애플리케이션 설계에 대한 자세한 가이드와 로깅, 라우팅 또는 종속성 주입에 유용한 많은 도구 또한 제공한다.
- **MVVM Light**: 비주얼 스튜디오 템플릿을 제공한다.
- **Caliburn.Micro**: 거의 모든 XAML 플랫폼(WPF, UWP, 실버라이트Silverlight)에서 사용할 수 있으며, 규약을 따르면 코드가 간단해진다.

위 프레임워크를 시도해보고 자신이 좋아하는 것을 결정한다. 나는 위 세 가지 프레임워크를 여러 프로젝트에서 사용했고 Caliburn. Micro는 사용자가 규칙을 따를 때 XAML을 훨씬 단순하게 만들기 때문에 좋아하게 됐다. 예를 들어 메소드가 컨트롤과 동일한 이름을 갖

---

5. 정확한 이름은 프레임워크에 따라 다르다.

6. 정확한 이름은 프레임워크에 따라 다르다.

는다면 컨트롤의 메인 이벤트가 발생할 때 메소드가 자동으로 호출되며, 뷰가 자동으로 인스턴스화되고 ViewModel이 할당되는 동안 ViewModel을 조작할 수 있다. 그러나 모두 취향의 문제로 귀결되며, 자신이 좋아하는 것을 찾을 수 있다고 확신한다.

찾아보기

에이콘출판의 기틀을 마련하신 故 정완재 선생님 (1935-2004)

WPF MVVM 일주일 만에 배우기

XAML, C#, MVVM 패턴

발 행 | 2017년 10월 27일

지은이 | 아르노 베유
옮긴이 | 금 재 용

펴낸이 | 권 성 준
편집장 | 황 영 주
편 집 | 김 진 아
　　　　김 은 비
디자인 | 윤 서 빈

에이콘출판주식회사
서울특별시 양천구 국회대로 287 (목동)
전화 02-2653-7600, 팩스 02-2653-0433
www.acornpub.co.kr / editor@acornpub.co.kr

한국어판 ⓒ 에이콘출판주식회사, 2017, Printed in Korea.
ISBN 979-11-6175-066-8
ISBN 978-89-6077-085-0 (세트)
http://www.acornpub.co.kr/book/learn-wpf-mvvm
이 도서의 국립중앙도서관 출판시도서목록(CIP)은 서지정보유통지원시스템 홈페
이지(http://seoji.nl.go.kr)와 국가자료공동목록시스템(http://www.nl.go.kr/
kolisnet)에서 이용하실 수 있습니다.(CIP제어번호: CIP2017027106)

책값은 뒤표지에 있습니다.